轨道施工测量技术

中铁十一局集团有限公司　著

吉林大学出版社
·长春·

图书在版编目（CIP）数据

轨道施工测量技术 / 中铁十一局集团有限公司著. --
长春：吉林大学出版社, 2022.10
ISBN 978-7-5768-0873-5

Ⅰ. ①轨… Ⅱ. ①中… Ⅲ. ①轨道(铁路)—施工测量
—测量技术 Ⅳ. ①U213.2

中国版本图书馆CIP数据核字(2022)第196220号

书　　　名　轨道施工测量技术
　　　　　　GUIDAO SHIGONG CELIANG JISHU
作　　　者　中铁十一局集团有限公司
策划编辑　安　萌
责任编辑　魏丹丹
责任校对　刘守秀
装帧设计　周　凡
出版发行　吉林大学出版社
社　　　址　长春市人民大街4059号
邮政编码　130021
发行电话　0431-89580028/29/21
网　　　址　http://www.jlup.com.cn
电子邮箱　jldxcbs@sina.com
印　　　刷　天津和萱印刷有限公司
开　　　本　787mm×1092mm　1/16
印　　　张　9
字　　　数　190千字
版　　　次　2022年10月　第1版
印　　　次　2022年10月　第1次
书　　　号　ISBN 978-7-5768-0873-5
定　　　价　40.00元

编委会名单

主　编：任继红　　谢长征

副主编：王　军　　刘国雄

参　编：罗朱柠　　王心旺　　胡中界　　朱振洪　　俞正勇

　　　　漆玉祥　　朱建富　　任　勇　　刘建波　　林海斌

　　　　徐业明　　赵永强　　刘传玉　　孙连庭　　周志强

　　　　牛勇超　　段鹏鹏　　张明明　　张国齐　　周　俊

　　　　李志华　　陶　川　　赵东升　　张书攀　　刘　敏

　　　　马亚运　　何月昌　　陈惠光　　李潜涛　　孔　方

　　　　李晓尹　　董正荣　　华　胜　　朱雪惠　　叶　青

前　言
PREFACE

随着当今世界经济水平的提高，交通形式也正往高速性、安全性、精准性发展。铁路的发展是所有交通形式中浓墨重彩的一笔，高铁的行车安全与乘坐时的舒适性较高，且几乎能做到准点行驶。高铁无砟轨道以高稳定性、高平顺性和少维修等特点，在铁路运营中逐渐取得了显著优势，得以被广泛地使用。

施工领域的扩展与工程质量的不断提升对测量技术的发展提出了新的标准和要求。为规范公司有砟、无砟铁路的精调工作，特组织编写《轨道施工测量技术》一书，以此规范和指导铁路项目长轨精调技术，提高全员素质，为企业的发展储备必要的技术力量。本书包含10章，第1章为有砟轨道与无砟轨道的概念；第2章阐释施工控制网复测；第3章主要内容为有砟轨道的精调；第4章为双块式无砟轨道精调；第5章探讨板式无砟轨道精调；第6章阐释地铁轨道精调；第7章解析磁浮轨道精调；第8章分析有轨电车轨道精调；第9章讨论无砟道岔精调；第10章探究长轨精调测量技术。

全书秉承新颖的理念，内容丰富详尽，结构逻辑清晰，客观实用，从施工控制网复测、有砟轨道与无砟轨道的精调技术引入，系统性地对地铁轨道精调、磁浮轨道精调、有轨电车轨道精调、无砟道岔精调及长轨精调测量技术进行解读。另外，本书详尽描述了精调工作的各类技术流程与操作标准，对铁路项目长轨精调工作加以规范，提供技术指导。

笔者在撰写本书的过程中，得到了许多专家学者的帮助和指导，在此表示诚挚的谢意。由于笔者水平有限，加之时间仓促，书中所涉及的内容难免有疏漏之处，希望各位读者多提宝贵意见，以便笔者进一步修改，使之更加完善。

中铁十一局集团有限公司

2021.8

目 录
CONTENTS

第1章　概　述

1.1　有砟轨道

有砟轨道精调从准备阶段开始，包含资料准备、道砟预铺、路基交接、道砟预铺、上砟整道、应力放散、轨道精调、道岔精捣、技术标准及要求，以及实体案例总结等有砟轨道涉及的各方面的测量工作。

1.2　无砟轨道

无砟轨道主要从长轨精调的技术标准、工作范围、长轨精调技术方案的制作、安全质量保障措施相关建议、验收工作的相关指标、项目重难点把控及相关措施建议展开阐述。本书详尽描述了精调工作的各类技术流程与操作标准，对项目长轨精调工作加以规范，提供技术指导。

第2章 施工控制网复测

控制网复测前，应编制控制网复测方案报评估单位评估审核和监理审批，控制网复测方案宜采用集团公司下发模板。

2.1 控制网复测实施

2.1.1 复测前准备工作

（1）点位排查：复测前应排查所有控制点点位，做好标记，有破坏丢失的及时重埋恢复，准备好控制点奥维文件，便于外业复测开展。

（2）编制复测计划：平面控制网复测应结合投入仪器数量，采用边联结式构网，设计外业观测网型，具体到每一测站需测量点位名称，水准控制网复测应提前实地考察水准线路，结合设计院复测资料，拟定水准复测线路计划。同时应预计复测完成时间是否满足相关单位要求的截止时间。

（3）复测前培训：外业复测前应对仪器操作人员进行培训，主要为控制网复测方案中相关技术要求，包括仪器操作、注意事项、规范要求、GNSS测量时间、水准复测限差设置、复测记录及复测计划安排等内容，确保外业观测顺利按照规范要求开展，提高复测效率。

2.1.2 外业观测

平面、水准外业复测：根据复测计划按时按要求完成，相关技术规范要求见控制网复测方案，复测过程中，及时导出观测数据、整理观测记录，对数据进行处理。

2.1.3　数据处理

1.平面数据处理

一般使用Leica Geo Office 8.4或TGO等软件进行平面复测网基线测算。完成外业观测后，要分析观测基线的质量是否达到标准。一些状态不好的卫星数据会被删除，无法参与平差，而且在同一时间段观测值的数据剔除率应该小于10%。处理网平差一般使用铁四院平差软件或科傻平差软件。主要有以下步骤。

（1）GNSS网基线解算完成后，进行基线向量的质量检核，主要为独立环闭合差和重复基线较差，按表2-1中要求进行检核。

表2-1　基线质量检验限差

检验项目	限差要求			
	X坐标分量闭合差	Y坐标分量闭合差	Z坐标分量闭合差	环线全长闭合差
独立环	$W_x \leqslant 3\sqrt{n}\,\sigma$	$W_y \leqslant 3\sqrt{n}\,\sigma$	$W_z \leqslant 3\sqrt{n}\,\sigma$	$W_s \leqslant 3\sqrt{3n}\,\sigma$
重复观测基线较差	$d_s \leqslant 2\sqrt{2}\,\sigma$			

使用平差软件对GNSS网的独立环闭合差和重复基线较差进行检验，如均满足规范限差要求，说明基线解算成果可靠，可以进行下一步操作。

（2）GNSS网三维无约束平差。对基线质量进行检核后，为检验评估GNSS网内部符合精度，剔除粗差观测值，首先在WGS-84坐标系下，以控制网中间一个点的三维坐标作为已知，进行三维无约束平差，得到最弱边相对中误差与方位角中误差、三维基线向量改正数等精度信息，见表2-2和表2-3。

表2-2　最弱边相对中误差与方位角中误差

最弱边		合格与否
边长相对中误差		
限差		
方位角中误差		
限差		

表2-3 三维无约束基线向量改正数最大值（单位：cm）

基线向量最大改正数				合格与否
改正数				
限差				

如果表格中的精度指标低于限制，则说明控制网的基线向量网自身精度比较高，基线向量符合要求，没有误差，这也说明基线向量网的质量会更高，可以进行二维约束平差。

（3）GNSS网约束点稳定性及相对精度分析。

第一，约束点的选取。

CP I网：根据控制网网型，一般选取控制网两端、中部各1个点或两端各1对点作为约束点，有CP 0点时，CP 0点也应作为约束点，同时也应考察现场点位周边及其稳定性。

CP II网：CP II网复测时一般联测所有CP I控制点，经CP I网解算合格后，选取所有联测的CP I控制点作为约束点进行CP II网约束平差。

第二，约束点稳定性及相对精度分析。进行约束平差前对约束点进行稳定性分析，约束点的方位角精度和边长相对精度应满足对应等级相关要求。约束点间相对精度分析一般采用实测基线比较法，即通过三维无约束平差结果计算约束点间的实测边长，与约束点间的设计边长进行对比，计算约束点间的边长相对精度，应满足控制网复测方案中的精度要求。

（4）GNSS网二维约束平差。以满足精度要求的约束点在标段坐标投影带的二维坐标作为起算点，对GNSS控制网进行二维约束平差。二维约束平差计算后，应检查最弱边相对中误差与方位角中误差，见表2-4。

表2-4 最弱边相对中误差与方位角中误差

CSCS2000坐标系，中央子午线115°45′00″，投影面大地高30 m		
最弱边		合格与否
边长相对中误差		合格
限差		
方位角中误差		合格
限差		

如二维约束平差后，最弱边边长相对中误差与方位角中误差均满足控制网复测方案中

的精度要求，即说明本次GNSS网平差成果可靠。

2.水准数据处理

水准数据处理软件一般采用铁四院平差软件或科傻平差软件，主要步骤如下。

（1）数据整理：对分段数据进行整合，去除临时点和加密点点号。

（2）原始数据检核：通过软件检查前后视距差、累积视距差、视线高度等精度指标，应满足控制网复测中的精度要求。

（3）生产平差文件，检查测段往返测高差较差是否超限，每千米高差中数的偶然中误差应满足精度要求。

（4）选取控制网两端稳定的水准基点作为约束点，形成附和水准线路，检查附和水准线路闭合差，未超限可进行高程平差处理。

2.1.4 复测成果精度分析

1.平面控制网复测成果分析

（1）CP I、CP II 控制点复测与设计坐标较差统计，见表2-5。

表2-5 CP I、CP II 控制点复测与设计坐标较差统计

工程独立坐标系，CGCS2000参考椭球，中央子午线115°45′00″，投影面大地高30 m								
序号	点号	设计坐标成果		复测坐标成果		坐标较差		限差/mm	备注
		X/m	Y/m	X/m	Y/m	d_X/mm	d_Y/mm		

（2）CP I、CP II 复测相邻点间坐标增量之差的相对精度统计，见表2-6。

表2-6 CP I、CP II 复测相邻点间坐标增量之差的相对精度统计

CGCS2000坐标系，中央子午线115°45′00″，投影面大地高30 m								
序号	起点	终点	相邻点间距离/m	二维坐标差之差/mm			坐标差之差相对精度	备注
				Δx/mm	Δy/mm	d_s/mm		

2.高程控制网复测成果分析

检测测段实测高差与设计高程的较差是否超限，见表2-7。

表2-7　高程控制网复测成果

点名	设计高程/m	点名	设计高程/m	设计高差/m	距离/km	复测高差/m	差值/mm	限差(±)/mm	满足否

2.1.5　超限点二次复测

对复测成果精度进行分析后，如复测成果与设计标准较差超限，需进行二次复测确认，二次复测与第一次复测的方法、网型、技术要求及精度指标相同，二次复测结果应与第一次复测结果一致，验证第一次复测成果的可靠性，如不一致，需要进行三次或多次复测确认；经二次复测，复测与设计成果的较差依然超限时，采用同精度内插更新超限点成果，报监理、设计单位审核确认。

2.2　控制成果报批

复测完成后，编制CPⅠ、CPⅡ、水准基点复测成果表和复测总结报告，复测报告应满足现行行业规范、标准及设计标准的有关规定。复测成果和总结报告审批流程如下。

（1）复测成果和总结报告报监理审批签字。

（2）采用同精度内插方法更新的超限点和重埋点成果应报设计院审批，出具工作联系单。

（3）控制网复测如需进行评估，整理复测资料上报评估，复测资料主要包括：原始数据、Rinex格式数据、基线解算项目、平差文件、精度分析文件、二次复测资料、同精度内插文件、复测成果和资质证书等相关附件。

控制网复测成果各项审批完成后，将本次复测成果以书面形式对班组人员进行交底。

2.3　CPⅠ、CPⅡ复测

依据相关规定，每半年应对设计院提供的精测网成果（CPⅠ、CPⅡ平面控制网和高程控制网）进行同精度复测，并将加密控制点纳入无砟轨道线形，符合线形拟合的要求。

2.3.1　复测前准备工作

（1）检查校验所有基座的水准器和光学对点器。

（2）根据作业要求进行检查，设置好仪器的各项参数。

（3）测量人员在开机之前和关机之后分别对天线高度进行测量，两次测量误差应该在2 mm上下，取平均值在GPS外业观测中记录下来。

2.3.2　CPⅠ、CPⅡ布网观测

（1）CPⅠ布网观测。CPⅠ网采用GPS同步静态观测模式，同步作业图形之间采用边连接（或网连接）的方式如图2-1所示，按大地四边形同步图形扩展进行布网，每个环同步观测两个时段，每时段观测时间不少于90 min，满足设计要求。

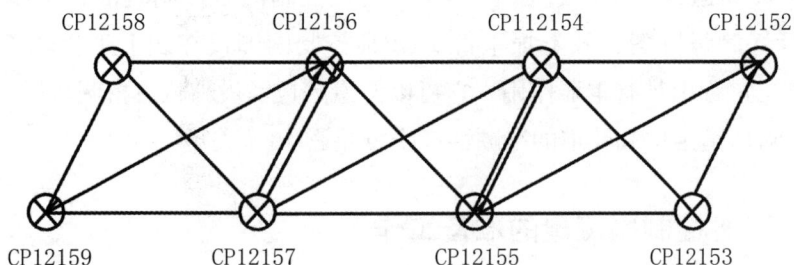

图2-1　GPS测量网形示意图

（2）与相邻标段CPⅡ网的联测。为了保证相邻标段间的线路衔接平顺，CPⅡ复测网向相邻标段延伸联测一对CPⅡ控制点。如有既有线路，则还须与既有线路联测一对CPⅡ控制点。

2.3.3　GPS网数据处理

GPS接收机自带可以转换数据的软件，主要用于GPS观测数据转换，将观测所得的数

据转换成标准的数据格式，根据日期子目录名分别保持，在数据转换的过程中，要注意天线高度和天线相位中心，然后再进行基线计算。

在对GPS网复测的过程中，每天都要观测外业数据，对其进行基线结算，并检验闭合环和重复基线，观测到的数据要马上处理并分析其质量，检测数据是否满足要求。对于不合格的基线或同步环，及时进行返工重测。

2.3.4 复测成果分析

复测成果与原测成果较差满足规范要求时，采用原测成果。当较差超限时，应进行二次检测测量，采用同等测量精度、同样网型布置的方式进行，若仍超限，判定点位超限，对超限点位采用同精度内插的方法进行平差处理：CPⅠ网采用复测基线数据，约束全部稳定的 CPⅠ点，获得 CPⅠ超限点与新埋点内插新成果；CPⅡ网采用复测基线数据，约束全部稳定的 CPⅠ点及稳定的CPⅡ点，获得CPⅡ超限点与新埋点内插新成果，在复测完成后及时提交数据，评估单位确认后，提供新点及超限点数据至设计单位确认，经设计单位确认合格后，方可于后续施工中使用。

2.4 CPⅢ控制网测设

在轨道铺设和运营维护的过程中，CPⅢ轨道控制网是控制基准，在CPⅢ网测设之前，需要设计好测量方案，并上报审批。CPⅢ控制网测设在线上工程轨道施工之前建立，在工程施工过程中具有重要作用，它可以使道床板铺设和轨道精调数据更准确，因为其精度高低会对轨道定位和轨道的平顺性产生直接影响。

2.4.1 CPⅢ控制网测量的准备工作

（1）评估线下工程沉降和变形。无砟轨道明确要求了线下基础工程的工后沉降标准，满足了标准并通过沉降评估后，需要进行CPⅢ控制网测量。

（2）测量仪器、软件要求。测量使用的仪器在方向测量中的误差要在1″范围内，全站仪要求带马达、能自动照准和记录数据，比如Leica（徕卡）系列的TS16、TS30、TS60等；观测前，需要检查全站仪及其棱镜，检验其是否符合标准，在这一过程中，仪器必须在有效检定期内。温度、气压等气象元素在边长观测时应该进行改正，温度要精确到0.2℃，气压要精确到0.5 hPa，作业之前和作业时都要进行细致的检查。准备专业外野数据采集软件及内业数据处理软件。

2.4.2　CPⅢ点的布设及安装

1.CPⅢ点的布设

通常情况下，使用预埋的方式来埋设CPⅢ点；后期埋设的CPⅢ点要加以固定，一般使用快干沙浆或者锚固剂，以确保CPⅢ标志预埋件的稳固。

（1）桥梁段CPⅢ点的布设。CPⅢ点最好布设在简支梁固定端，距离梁端大约0.5 m。

第一，简支梁部分。长度为24 m或32 m的简支梁，CPⅢ点的布设一般间隔2孔，相邻的CPⅢ点距离分别为64 m、56 m或48 m。连续24 m的简支梁，要综合考虑实际情况，需要时也可以间隔3孔设置一对CPⅢ点。

第二，普通的连续梁。连续梁的CPⅢ点最好布设于固定端上面的位置。如果连续梁跨度超过80 m，则CPⅢ点的使用应该在相同的条件下，使用之前要进行检查。

第三，大跨连续梁和特殊结构。大跨连续梁在布设CPⅢ点时要根据工程结构的独特性，进行单独设计。

（2）路基段如何布设CPⅢ点。路基段一般在混凝土立柱上。路基的基础稳固后，再用水泥砂浆埋设CPⅢ点预先埋设的部分。

第一，路基段的CPⅢ点布设在接触网杆的基础大里程端，侧向铺设，控制点布设也是成对的，纵向之间距离50～70 m左右，与接触网杆的基础形成一个整体；埋设时要与接触网补偿下锚坠砣及电力开关操作箱保持和谐。

第二，施工结束后，CPⅢ下部基础的高度要与接触网杆基础顶部的高度一致。

第三，施工结束后的PVC管应该保持垂直状态。

第四，混凝土要用钢膜进行浇筑，这样做的目的是让CPⅢ下部基础的尺寸保持一致，内部结实，外部美观，内实外美，使埋标更稳固。

（3）CPⅢ点在隧道段的布设。隧道里CPⅢ点通常布设在设计轨道顶部的边墙内衬上，比轨道顶部高出30～50 cm，相邻的CPⅢ点之间的距离大约为60 m。

（4）CPⅢ点在车站的布设。车站有很多股道，还有不少一同施工的工程，所以CPⅢ点应该布设在雨棚柱基础上、站台边墙上，也可以将CPⅢ标志桩单独埋设，总之，同一个车站的CPⅢ点形式要保持一致，且稳固性要有保障。

2.CPⅢ标志及安装

CPⅢ点应设置强制对中标志，标志几何尺寸的加工误差应不大于0.05 mm，CPⅢ标志棱镜组件安装精度应符合表2-8的要求：

表2-8　CPⅢ标志棱镜组件安装精度要求

CPⅢ标志	重复性安装误/mm	互换性安装误差/mm
X	0.4	0.4
Y	0.4	0.4
H	0.2	0.2

单轴CPⅢ标志组由预埋件、棱镜测量杆和水准测量杆等三部分组成。

业主单位有相关要求的按相关要求实施，下面列举一般规定要求。

（1）防撞墙顶CPⅢ标连接件套筒的安装。

第一，打孔。每一座桥都有防撞墙，在这些防撞墙间隔大约60 m的地方会设置一对CPⅢ标套筒，每一对CPⅢ标套筒允许的最大里程差是3 m。在桥梁挡砟墙顶部设立CPⅢ标套筒，将钻孔竖立，选择直径2.5 cm以上，深度11 cm的钻头，或者施工过程中在混凝土上预留孔位。

第二，安装。①对轴心和套筒进行检查，确保间隙合理，将轴心插入套筒，待全部插入后，套筒边缘的地方应该与轴芯突出横截面紧密连接，如果发生异常情况，套筒是无法使用的；②使用塑料后盖或透明胶带纸将套筒后端封上，再用窄透明胶带纸沿着套筒的边缘把插口缠绕起来，封住套管口，这样是为了防止锚固剂或胶水流入；③清理钻孔内碎石渣，再用水将洞孔浇湿；④将锚固剂调成软滑的膏状，类似黄油，塞进洞孔中；⑤垂直安装套管，使套管口与水泥面保持平行并低于水泥面，锚固剂会被挤出筒外壁，从四周流出；⑥插口时小心清理干净进入水平槽的锚固剂。

（2）路基标志桩CPⅢ标连接件套筒的安装。

第一，打孔。在路基标志桩和基础间隔大约80 cm的地方钻一个孔，孔的直径为2.5 cm，深度11 cm，这里要注意的是路基标志桩和基础间隔要比轨顶高30 cm。

第二，安装。①对轴心和套筒进行检查，确保间隙合理，将轴心插入套筒，待全部插入后，套筒边缘的地方应该与轴芯突出横截面紧密连接，如果发生异常情况，套筒是无法使用的；②将粘胶均匀涂抹在套筒的外部，注意胶水不能流入套筒和水平槽；③长轴是专门用于安装套筒和测量水准的，将其插入套筒内，套筒封口和洞口对齐，插入洞孔时轴心平面朝上，套管摆放要水平向上倾斜；④可能会有一部分粘胶剂进入水平槽，要将其清理干净。

（3）隧道内CPⅢ标连接件套筒的安装。

第一，打孔。应在隧道内边墙上，距离电缆槽约30～80 cm高处预钻直径2.5 cm的孔，孔深11 cm左右。定位高度应考虑到CPⅢ水准立尺的需要。

第二，安装。①检查轴心和套筒间隙，轴芯全部插入套筒后套筒沿口应和轴芯突出横截面密接，有异常情况的套筒不能使用；②在套筒外表均匀涂抹粘胶，小心不让胶水流入套筒和水平槽；③长轴是专门用于安装套筒和测量水准的轴心，将其插入套筒，套筒封口和洞口对齐，插入洞孔时轴心平面朝上，套管摆放要水平向上倾斜；④可能会有一部分粘胶剂进入水平槽，要将其清理干净。

3.CPⅢ标志连接件的使用

（1）平面测量。①与安装好的套筒一样，选择12根平面连接杆；②预先放置好套筒，然后插入轴芯，轴芯上会有一个突出的横截面，将其与套筒口连接，不要留有缝隙，但是轴芯不能使用扳手、锤子等工具强力安装；③在棱镜测量杆插头上安装棱镜；④调整棱镜头，使之与全站仪对齐；⑤测量结束后，套筒盖要封闭起来。

注意：每个棱镜是不同的，所以CPⅢ平面测量点也要随之改变，使用的仪器和棱镜一定要是一整套的，再次检测和精调过程中也要使用相同的仪器和棱镜。

（2）高程测量。①和已安装的套筒一致，选择高程连接杆4根；②取出塑料套筒盖；③预先放置好套筒，然后插入轴芯，轴芯上会有一个突出的横截面，将其与套筒口连接，不要留有缝隙，但是轴芯不能使用扳手、锤子等工具强力安装；④测量结束后，套筒盖要封闭起来。

4.CPⅢ点和自由测站编号

按业主单位相关要求实施，下面列举一般规定要求。

（1）CPⅢ点编号。采用7位编号形式（0356301），具体要求如下：按照从左到右的顺序看，前四位数字是里程的千米数，第五位数字是CPⅢ网点，最后两位数字是点的序号，即CPⅢ网点在这一公里范围内的顺序号，01～99号数循环，里程编号按照从大到小的顺序，奇数一般用来标记下行线轨道左侧的点，偶数用于标记上行线轨道右侧的点。CPⅢ点在分布时要细致描述点位，内容主要是线路里程（里程要精确到米）、线路的左右两侧、外部移动的距离、具体设置等，还有一些需要说明的特殊情况。在成果表里可以加上对点位的描述。绕行线部分需要在编号前加"Y"。一般采用字模喷漆给CPⅢ点编号，标注样式有对应的参考标准。

（2）自由测站编号。在测量CPⅢ点的过程中，根据里程和测量组号等来确定自由测站点的编号。

2.4.3　CPⅢ平面网测量与数据处理

1.CPⅢ平面控制网布设

（1）CPⅢ平面网的主要技术要求应符合表2-9的规定。

表2-9　CPⅢ平面网的主要技术要求

控制网名称	测量方法	方向观测中误差	距离观测中误差	相邻点的相对点位中误差
CPⅢ平面网	自由测站边角交会	1.8″	1.0 mm	1.0 mm

CPⅢ控制网的测量通常会借助自由测站边角交会法，CPⅡ控制点上应附有CPⅢ平面网，CPⅡ控制点之间的距离控制在600 m左右，以固定数据平差。当发生一些意外（如因点破坏等），使得到CPⅢ的联测数据与CPⅡ点位密度和位置不相匹配时，就需要对CPⅡ控制点以同精度内插方式进行加密。

构网形式。通常来讲，CPⅢ平面网中用于观测的各个自由测站之间的距离应控制在120 m左右，CPⅢ点到自由测站之间的最远观测距离通常在180 m以下；CPⅠ或CPⅡ控制点到自由测站的建议间距在300 m以下。与此同时，每个CPⅢ点的自由测站的方向和距离观测量应不少于3个。

从呈现形态上来看，通常为平面网型（即测站间距为120 m，如图2-2所示），并配备3个自由测站对每个CPⅢ控制点进行观测。

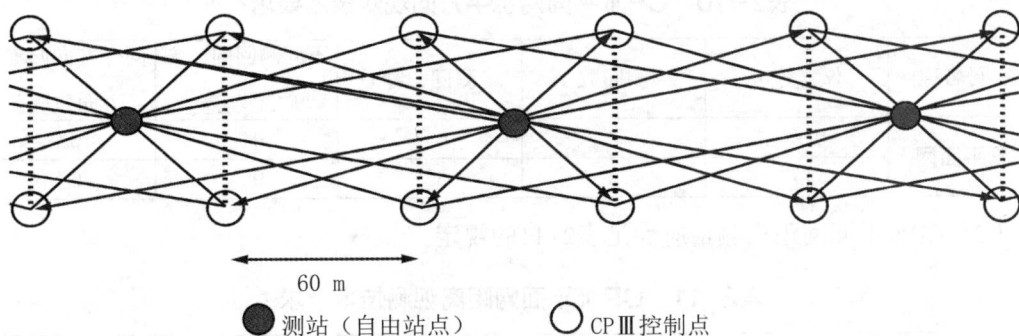

60 m

● 测站（自由站点）　　○ CPⅢ控制点

图2-2　测站间距为120 m的CPⅢ平面网构网形式

CPⅢ控制点的测量方法及与上一级控制网的关系。当对 CPⅡ控制点以自由测站置镜进行观测时，应当借助两个以上（含两个）连续的自由测站完成对 CPⅡ控制点的观测，具体参照图2-3。

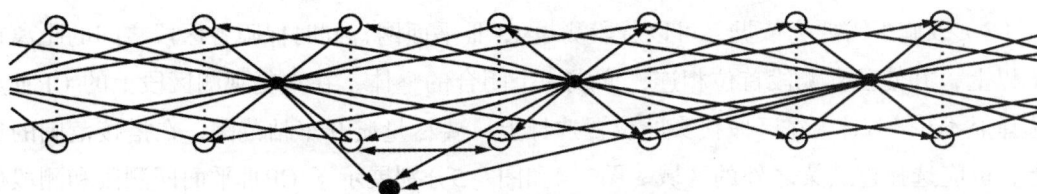

图2-3　自由测站置镜联测高等级点

以自由点为基础，完成对 CPⅢ的测量时，应同步联测全部 CPⅡ加密点，并将其纳入网中。在测量过程中，要将可视的 CPⅡ控制点的密度控制在400～800 m，如果无法满足这一条件，就需要以同精度对 CPⅡ控制点进行加密。

无论是每个 CPⅢ测量组，还是对 CPⅡ等控制点的联测，都需要确保所使用的棱镜是同一组，同时设置好各种参数（如棱镜常数等）。

2.CPⅢ平面网观测

（1）从水平方向上观测 CPⅢ控制网，应当采用全圆方向观测法，同时，要与表2-10中的规定相一致，也可以选择分组全圆方向观测法来完成方向较多时的 CPⅢ控制网观测工作。

表2-10　CPⅢ平面网水平方向观测技术要求

控制网名称	仪器等级	测回数	半测回归零差	不同测回同一方向2C 互差	同一方向归零后方向值较差
CPⅢ平面网	0.5″	2	6″	9″	6″
	1″	3	6″	9″	6″

（2）CPⅢ平面网距离测量应满足表2-11的规定。

表2-11　CPⅢ平面网距离观测技术要求

控制网名称	测回	半测回间距离较差	测回间距离较差
CPⅢ平面网	≥2	±1 mm	±1 mm

注：距离测量一测回是全站仪盘左、盘右各测量一次的过程。

如果无法按照以上技术要求来规范CPⅢ平面网外业观测的水平方向和距离的技术要求，就需要进行部分或全部重测该测站外业观测值。

（3）以施工需要为依据，可以分段测量 CPⅢ平面网，同时保障各区段之间的距离在4 km以上，并使独立测段首位相连，形成一个闭合的整体，在重复观测区段上的CPⅢ点的选择上不少于6对。在区段接头的位置选择上，要尽量避开车站范围，在搭接范围的选定上，也应选择连续梁之外的区域。图2-4和图2-5分别展示了 CPⅢ平面网测段和测段衔接的网型。

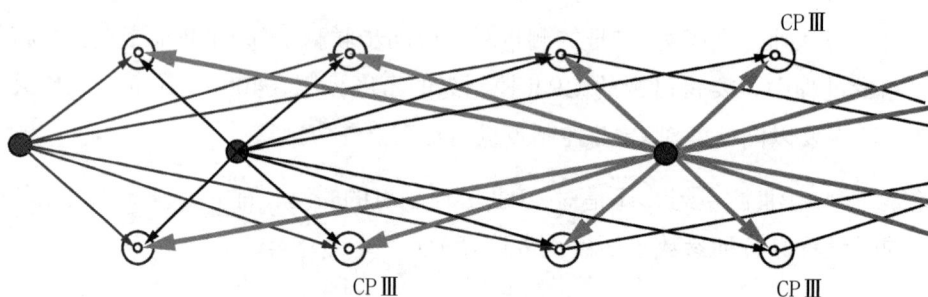

图2-4　CPⅢ平面网测段首尾网型示意图

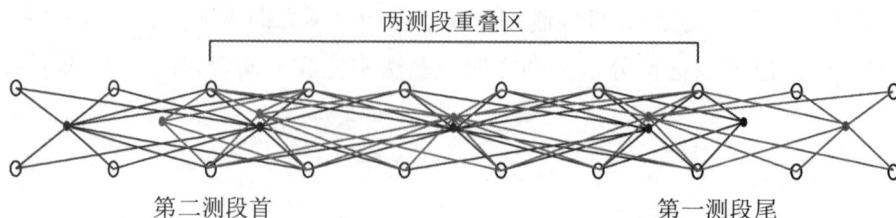

图2-5　CPⅢ平面网重叠测段衔接网型示意图

（4）若选择 CPⅢ 自由测站边角交会法对 CPⅢ控制网进行测量，则在数据采集软件的使用上要确保其能够实现与平差软件的兼容性，从而保障数据可以实现记录自动化。在存储观测数据之前，需要检核观测数据的质量。

（5）在现场测量时，需要利用外业记录对各测站的实际情况进行记录，从而记录CPⅡ测量的原始数据。具体来讲，就是要遵循相关的记录要求，在完成对每段 CPⅢ 的测量工作后，再装订存档。同时，在外业期间，必须正确输入相关的测站信息（如气压与气温），以确保测量的数据与气象修正后的数据一致。

3.CPⅢ平面网数据处理

（1）CPⅢ控制网精度指标如下。

第一，CPⅢ平面自由网平差后应满足表2-12的规定。

表2-12　CPⅢ平面自由网平差后的主要技术要求

控制网名称	方向改正数	距离改正数
CPⅢ平面网	±3″	±2 mm

第二，CPⅢ平面网约束平差后的精度，应满足表2-13的规定。

表2-13　CPⅢ平面网平差后的主要技术要求

控制网名称	与CPⅠ、CPⅡ联测		与CPⅢ联测		点位中误差
	方向改正数	距离改正数	方向改正数	距离改正数	
CPⅢ平面网	≤±4.0″	≤±4 mm	≤±3.0″	≤±2 mm	2 mm

（2）在衔接不同的测段时，要确保前后测段独立平差重叠点坐标差值不超过上下3 mm，当不符合这一标准时，就需要找到原因，并进行复测。其他未约束的重叠点在两个区段再次平差后所得到的坐标差值应维持在1 mm以下，倘若超过1 mm，就需要找到相应的原因，这时，后一区段 CPⅢ网的平差结果即为未约束的重叠点坐标，同时，需要用"更新成果"的标识对新提交成果进行备注。

（3）计算和平差处理 CPⅢ平面数据，需要借助行业认证的平差软件来完成。其中，评定各项精度是平差计算中的重要环节。具体来讲，平差处理需要遵循以下基本要求。

首先，传输及预处理数据。软件接收到外业观测记录的数据后，会对其进行复检，以确保规范指标是否与已知要求相一致，这些规范标准主要包括同一方向归零后方向值较差、不同测回同一方向2C互差、半测回归零差检查及全站仪数据检核。

其次，平差文件的生成。两化改正方法用于全线距离的检测是为了确保三网合一，因此，计算过程往往会生成两个不同的平差文件，一是经过两化修正后的数据，二是未经修正的原始数据，其中，前者生成的平差文件通常会用于后续的平差计算。

第三，平面和高程已知数据的编辑，即将本测段的平面及高程已知点数据添加至生成的平面平差文件和高程平差文件中。这里所说的"高程平差文件"通常指的是三角高程测量平差文件，这些文件通常生成于全站仪的观测过程，之所以需要在其中添加高程已知点数据，是因为便于两化改正对此文件的使用。

第四，检验闭合差。其检测的主要对象为不同测站对每一对 CPⅢ点测量后的兼容性，它是 CPⅢ网所特有的闭合差检测功能的直接体现，对于有效提升平差文件中隐藏的粗差和超限值的检测效率和检测质量有重要作用。

第五，观测手簿的输出。若只是存在评估提交需求，则这项工作暂不涉及；若需要对数据进行检查，则极有必要输出观测手簿。

第六，平差参数设置。

第七，概略坐标解算。

第八，校正自由网平差。对自由网平差进行校正，是为了满足规范指标参数的检查需求（如已知点兼容性和整网的内符合精度、尺度比等），当观测数据超过限差时，就需要检查原始数据，同时需要对因此而产生的测量误差进行补测。

第九，约束网平差。检查者、记录者、观测者、观测日期和时间、天气、棱镜类型、观测仪器、控制等级、限差指标和测量的差值等基础信息都应在测站平差报告中有明确的标记。

第十，提交成果。最终成果的生成需要确保平差计算后的精度指标与规范标准和要求相一致，倘若两者不一致，则需要找到原因，并进行针对性的补测或重测，以精确数据，保障结果。

2.4.4 CPⅢ高程测量与数据处理

1.CPⅢ高程测量技术要求及控制网布设

（1）CPⅢ控制点水准测量。根据精密水准测量技术的要求，在施测的过程中，CPⅢ

控制点水准测量要与线路水准基点相符，此外，CPⅢ控制点水准测量也可以与加密的二等水准点相符，水准线路的长度要小于或等于3 km。在CPⅢ水准网和线路水准基点进行联测的过程中，按照精密水准测量的要求，还可以展开往返观测。

对于CPⅢ控制点高程的水准测量，通常应用与之相适宜的矩形单环水准网形式。在测量的过程中，按从左至右的顺序来看，第一个闭合环的四个高差需要两个测站实现观测，其他闭合环的三个高差需要一个测站根据一定的顺序完成观测，其顺序包括两种，一种是后—前—前—后的顺序，另一种是前—后—后—前的顺序。如图2-6所示。

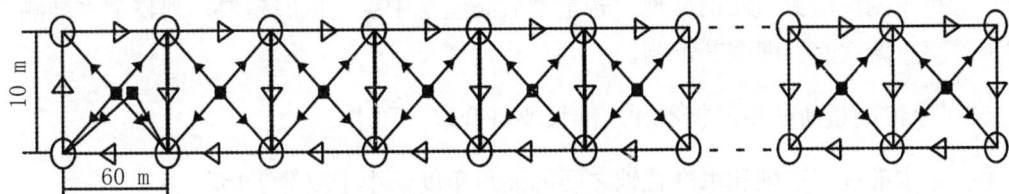

图2-6 矩形法CPⅢ高程网测量观测示意图

（2）CPⅢ控制点三角高程测量。对于城市轨道控制网的高程测量，需要使用两种测量方法，分别是三角高程测量方法和平面测量方法，其中，通过平面测量方法可以取得边角观测值，将两种方法结合起来，能够精准地展开测量。相邻点需包含三个高差值，互差不得大于或等于1.5 mm。

高程外业的测量方法和要求为：①高程测量时要联测高程起算点；②自由测站三角高程网是常用的测量方法；③联测地下高程起算点时，或联测线路水准控制点时，通常都选取独立往返水准测量方法；④分段测量的区段长度要大于或等于区间长度，区段之间重复观测要多于或等于两对控制点。

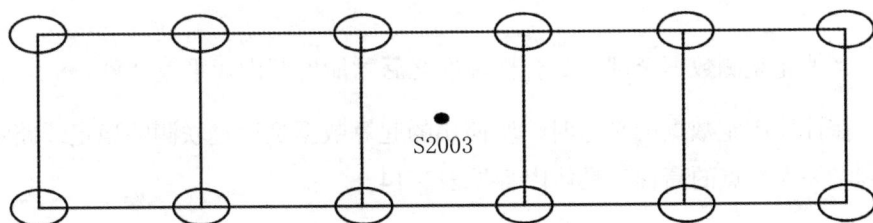

图2-7 单个测站自由测站三角高程网示意图

2.CPⅢ高程网观测

（1）若出现以下情况，则外业观测值需要部分或全部重测。

17

第一，当出现测站数据质量不符合规范要求这种情况时，则需要重新观测外业数据值。

第二，当某个闭合环的闭合时间超过标准时间时，此闭合环的数据需要重新进行观测。

第三，当水准路线的较差超限时，此观测数值需要重新测量。

第四，当高差全中误差超限时，需要重新观测闭合路线，仅针对部分有明显闭合差的路线，这是观测值部分重测的体现。若重测后高差全中误差依旧超限，则整个水准测量的数据都需要重新观测，即全部重测。

（2）水准测量所使用的仪器和水准尺要符合以下要求。

第一，水准仪视准轴和水准管轴之间的夹角角度要小于或等于15″。

第二，对于因瓦水准尺的平均长和名义长之差，需要少于或等于0.15 mm。

第三，在展开精密水准测量的过程中，通常选取数字水准仪进行观测，观测数值误差一般为0.01 mm。

3.CP Ⅲ 高程内业数据处理

（1）外业观测成果的检核内容有测站数据检核、水准路线数据检核和高差偶然误差，水准网的闭合环数量要求少于或等于20个，若闭合环数量超过20个，则需要计算高差全中误差。

（2）无论是计算CPⅢ高程网内业平差，还是对基础控制资料的选用，都需要符合以下要求。

第一，当外业观测数据全部达到合格标准之后才能展开内业平差计算。

第二，在计算固定数据的平差时，所使用的起算数据是通过联测的稳定线路水准基点和线上加密二等水准点的高程，具体内容见表2-14。

表2-14　精密水准测量计算取位

往（返）测距离总和/km	往（返）测距离中数/km	各测站高差/mm	往（返）测高差总和/mm	往（返）测高差中数/mm	高程/mm
0.01	0.1	0.01	0.01	0.1	0.1

（3）区段长度要多于或等于4 km，区段之间进行衔接时，两个相邻的区段之间高程差值要≤±3 mm。达到要求之后，前后两区段中的后一区段的CPⅢ网要约束平差，并结合线路水准基点和CPⅢ点高程成果。

2.5.5 CPⅢ网的复测与维护

1.CPⅢ网的复测

不管是在无砟轨道板施工时期，还是在无砟轨道精调施工时期，要想提高CPⅢ网观测数值的精准度，就要反复观测CPⅢ网，直到观测数据合格即可。与此同时，按照施工的进度和发展情况，要展开定期的复测工作。

（1）复测作业精度指标。CPⅢ平面网复测和原测的各个方面基本相同，比如，选取的仪器设备、采用的观测方法，以及确定的精度指标等。除此之外，在坐标较差的方面上，CPⅢ平面网复测和原测成果的坐标较差一般都小于或等于±3 mm。若出现较差超限这种情况，要采取适当的解决措施，如补测或重测等措施。坐标增量较差按下式计算：

$$\Delta X_{ij} = (X_j - X_i)复 - (X_j - X_i)原 \qquad (2-1)$$

$$\Delta Y_{ij} = (Y_j - Y_i)复 - (Y_j - Y_i)原 \qquad (2-2)$$

（2）成果的选用。在复测任务结束之后，需要判断CPⅢ网复测精度是否符合要求，在符合要求的前提条件下，再针对复测数据和原测数据进行分析和评价，对于超限的情况，要找出原因并解决问题，确保复测成果正确。选取合格的复测成果展开后续作业。

2.CPⅢ网的维护

CPⅢ网是基于桥梁防护墙和路肩接触网而逐渐形成的，具有极强的稳定性。对于后续轨道的安装测量，要想加强CPⅢ网的准确度，并提高CPⅢ网的可靠性，就要在应用CPⅢ网的过程中，将CPⅢ点与附近的其他点进行校核，这样既能够做到有效且长期维护CPⅢ点，还能及时解决出现的不良问题。

对CPⅢ标志的保护应做到：①在CPⅢ控制桩立柱施工的过程中，作为工作人员，一定要采取相应的防护措施，避免出现混凝土立柱遭受破坏的情况；②对于接触网杆的安装，需要做好防护工作，确保控制桩立柱不受损害，尤其是在进行吊装作业时，要确保控制桩立柱不受碰撞。

第3章 有砟轨道精调

3.1 铺轨前准备工作

3.1.1 线下工程交接

施工前，由各标段工程指挥部（局指）牵头，组织线下施工单位、线上铺轨单位等，对需要交接的路基工程进行联合检查，协调线下工程施工资料及现场桩位的交接、配合事宜的办理，其交接程序如下。

（1）线下单位交接前需依据《铁路工程测量规范》TB10101—2018，《高速铁路轨道工程施工质量验收标准》TB10754—2018要求完成竣工测量，对线路进行中线测量、构筑物测量（隧道限界、桥梁墩台高程）、路基横断面测量及高程测量等，并形成测量成果，主要包含设计宽度与实测宽度对照表、路基设计标高与实测标高对照表。

（2）线下施工单位在提交路基面时，应先按照设计要求修整路基面（碾压平整密实，排水通畅）并根据路基填筑高度预留沉降量。设置线路中心桩和外移桩并自检合格，直至满足铺轨条件。

（3）提供的交接资料必须规整齐全，交接资料应签字盖章，接收资料要有签收手续。

（4）对交接地段设置交接桩，共同复测，双方对复测结果进行书面签认，并对现场检查情况进行签认。对存在的问题要限定整改日期。线下单位在限期内完成整改后通知铺轨单位进行复检，复检合格后，签订交接纪要。

（5）线路交接必须形成纪要，明确处理遗留问题的办法。

3.1.2　道砟预铺

道砟预铺的施工步骤包括以下内容。

（1）道砟运输采用汽车运输，装载机配合装车，利用沿线公路或施工便道运至施工地点。

（2）由装载机摊铺、平地机进行粗平后，采用双钢轮静碾压路机进行碾压密实。

（3）利用钢钎挂线测量方法对道砟顶面标高和平面位置进行控制，人工配合机械进行细平。

3.1.3　质量要求

（1）一般底砟摊铺厚度为200～250 mm，不宜小于150 mm，摊铺时应考虑50 mm预留沉降量，压实厚度保证在150～200 mm。

（2）道砟摊铺完成后利用不小于160 kPa的压路机以3~4 km/h进行碾压，往返一次为一遍，碾压三遍。

（3）正线平整度允许偏差为±20 mm并保证轨枕两端道床高于中部，压实密度不小于1.6（用灌水法检测）。高程允许偏差±20 mm，厚度允许偏差为±50 mm，半宽允许偏差为0～+50 mm。

3.1.4　轨枕锚固质量（只针对锚固的轨枕）

（1）根据TB10413–2018《铁路轨道工程施工质量验收标准》中对硫磺沙浆配合比的要求，硫磺：水泥：沙子：石蜡=1：（0.3～0.6）：（1～1.5）：（0.01～0.03）。

（2）硫磺砂浆温度升至160 ℃左右即可灌注，最高不得超过180 ℃，注入孔内时温度不得低于130 ℃，并防止离析。

（3）灌注要一次完成，但不宜太满，灌浆深度应比螺旋道钉插入孔内的长度大20 mm，锚固浆顶面应于承轨槽面平齐，溢出的残渣凝固后要铲除整平。

（4）螺旋道钉圆台的地面要高出承轨槽0～2 mm，并涂刷防锈绝缘材料。

（5）锚固完成后对轨枕螺旋道钉进行检查，道钉要与承轨槽面垂直，倾斜度不得大于2°，偏离预留孔中心不得大于2 mm，道钉外露长度为80 mm，允许偏差为±2 mm。

（6）最后对螺旋道钉进行抗拔试验检查，每1 km做3根检查，每个螺旋道钉的抗拔力不得小于60 kN。

（7）螺旋道钉锚固质量出现问题，后期精调工作严重制约甚至影响工程质量。施工过程中会出现重复性松紧螺母，例如换轨、焊轨放散及轨距精调等。在重复性使用内燃扳手作业时，会造成螺旋道钉被整根拔出现象；如果出现螺纹道钉连续被拔出现象，只能停止精调作业，补锚后方可作业，由此造成不必要的返工且耽误工期。

3.2　铺　轨

（1）铺轨的平面要求。利用全站仪结合CPⅢ控制网进行测量，放出线路中心线或边线，并拉一条棉线，棉线固定桩点的高度不能超过道床上平面，桩间距按直线10 m、曲线5 m设置。施工时严格按照测量点位进行铺设，避免后期出现较大拨道量。

（2）上砟整道。

第一，大型机械整道作业前，应先人工使用小型起拨道机、小型捣固机进行整道作业，基本消除线路方向、水平、扭曲等不良情况，按设计要求设置超高，同时将枕下道砟捣固密实，这样可以保证大机第一遍的捣固质量，不会出现高低起伏现象。即可保证大机捣固的质量及运输时行车安全。

第二，大型机械整道作业前结合实测起道量进行上砟、补砟作业，确保轨枕内道砟均匀饱满，道砟顶面略高于轨枕面，道砟厚度不小于150 mm。

第三，测量队在大型机械整道前3日将测量好的拨道量、起道量，按5 m一组数据移交给大型捣固车，曲线段的曲线要素、超高向机组人员交底清楚；并将测量数据清晰标注于捣固机前进方向道心的右侧，如果是09及以上型号的大机，将作业时的里程确认即可，并每500 m确认一次。

第四，针对缺砟较为严重的地段，首先利用K13矿车（卸砟车）进行补砟至道床饱满，进行大机捣固第一遍，建议最大的起道量不宜超过60 mm。然后进行稳定车作业一遍。后根据缺砟量继续补砟、稳定，计划3捣、2稳使线路达到精调条件。

第五，针对道砟饱满地段，首先进行稳定车作业一遍，然后再进行捣固、补砟，计划3稳、2捣使线路达到精调条件。

第六，线路大养至距设计标高6 cm、平面在20 mm以内，轨道达到初期稳定状态。

在粗捣的过程中，机组人员在作业前先分析数据，如出现高低起伏较大的地段，建议先将起道量较大的地段先进行拉坑处理，将线路标高养至大致等高状态方可通养；如果每次都按数据捣固，极大可能个别地段出现高于设计标高，造成落道现象。

3.3　有砟轨道精调

3.3.1　精测精调前准备工作

（1）结合项目自身工期成立多个精测小组，配合09～32型捣固车线路养护，提前利用绝对轨检小车测量并导出1.2 m一个点位数据资料，提供给09～32捣固车机组作业人员。过程中对精测组测量、采集的数据进行复核、查看，确保数据正确、真实、有效，对精捣质量和进度进行全面跟踪管理。成立技术保障组、物资保障组及时跟踪现场精调情况，做好技术数据分析和物资保障。

（2）技术资料准备。CPⅢ测设单位，应将长轨精调前的CPⅢ复测评估合格后的资料交于精调单位；收集线路技术资料，包括设计要求、曲线、坡度及竖曲线资料等。收集相关道岔图纸、扣件说明书。收集相关动态、静态验收标及技术规程等相关规范。

（3）精测精调前的轨道检查。对全线轨道几何状态（线路平面 ± 20 mm以内、高程50 mm），扣件（接触面是否被污染，使数据不真实）及道床（是否缺砟或太满影响改道）、焊缝平直度等进行检查，检查是否满足要求；同时注意电容、电磁枕的抽换是否结束。

（4）人员培训。组织参与大养和精调施工人员进行本方案和相关验收标准、技术规程的学习，并对重要标准（例如轨距允许偏差等）和注意事项（例如扣件拆卸长度、精调允许作业温度）进行考核，合格后方允许参与精调施工。

精捣前必须调试大机，保证大机车况各项指标良好（TQI数据中有6项指标是大机做出来的）。线路捣固车例如：采用昆明大机厂的捣稳联，前期各指标也不达标经过不断测试，定出该车的起道量在10～15 mm范围做出的TQI数据较好（大机的下镐深度也做了相应的调整），捣固后轨道TQI精度可达到2.5 mm以内。

3.3.2　线路轨距精调

轨距、轨距变化率及轨向精调分粗调、全面精调及全面找细复调3个阶段，流程为粗调精测—卸砟整形—精捣—全面精调精测—卸砟整形—精捣—全面复调精测—精捣—卸砟整形—联调联试，具体如下。

（1）有砟线路轨距粗调阶段。

第一步：①检查所有的扣件是否安装到位，检查每一个扣件的扣压力是否都完成了三点密贴；②排查是否所有的扣件锚固螺栓都完成了添油；③检查是否所有的轨枕都处于正确位置，是否摆放方正，正确的位置是正位、垂直于中心线，两个轨枕之间间距为600 mm ± 20 mm，除此之外，还要满足六根轨枕总距离在3 m ± 30 mm；④排查电容枕、电磁枕是否都处于正确位置；⑤检查所有的承轨槽的干净程度，排除承轨槽当中的砟等异物；⑥全面排查胶垫、轨距挡板是否都处于正确位置；⑦螺旋道钉是否因套管堵塞拧不到位或锚固螺栓损坏使螺母拧不到位；⑧检查钢轨轨面是否脏污或有异物；⑨用轨道精调小车检查线路状态。

第二步：①若其他项目工作量不大，就对检查发现的问题进行初整；②全面整理轨底胶垫、扣件安装状态及扣压力；③对轨道精调小车检查出来的大、小轨距及轨距变化率不良地段进行调整。

第三步：①用轨道精调小车复检已精调地段，并进行分析；②召开质量分析会，分析轨道检查仪波形图，总结经验教训。

（2）有砟线路轨距全面精调阶段。有砟线路轨距全面精调的前提条件：大机完成普通捣固后，平面与设计偏差为 ± 20 mm，高程低于设计标高50 mm，或第一遍精捣后，平面及高程接近设计线形。轨距精调步骤如下。

第一步：①用轨道精调小车全线推检，分析轨距、轨距变化率及轨向；②现场调查，找准基准股，先改基准股、再改非基准股；③全面清扫轨面及承轨槽，确保干净、无异物。

第二步：①带油脂，对螺栓套管没有油的螺栓进行涂油；②对有砟轨道轨距进行调整。

第三步：①用轨道精调小车复检已精调地段，并进行分析；②召开质量分析会，分析轨道检查仪波形图，总结。

轨距全面精调过程中，需注意的问题包括：①在拆扣件的过程中，不可以将扣件全段拆开，而是要先测量轨温，根据温度确定拆开的长度；②轨距精调时应该使用轨道精调小车对轨道进行检测，检测时主要使用目视的方法控制小车；③在上道之前应该核对道尺和标准道尺，保证可以实现顺畅的搭接；④先进行扭矩扳手扭矩的试验，然后再开始精调，扣件的扣压力标准是三点密贴，空隙应该小于等于0.5 mm，而且扭矩也不可以超过标准规定；⑤承轨槽一定要保证干净，对承轨槽的宽度应该进行验证，应该检验标准轨距挡板和轨底之间的缝隙距离；⑥精调方向为列车的运行方向；⑦对大机精捣之后的轨距进行分析，得出规律：通常情况下，轨距变化范围在0.3～0.5 mm。

轨距精调，根据轨道精调小车检测数据及现场复核结果，确定需要调整的处所及股别，用道尺测量该处轨距，在钢轨上标记。根据需要调整轨距的多少，确定轨距挡板的组合。

（3）有砟线路轨距全面复调阶段。大机完成第一遍或第二遍精捣后，进入有砟线路轨距全面复调阶段。步骤如下。

第一步：使用轨道精调小车对轨距、轨向、轨距变化进行分析，并且使用电子道尺检验不良地段。

第二步，使用轨道精调小车检查轨道数据，发现超过限制的地方要进行精调，让轨距的变化在规定范围之内。

第三步，使用轨道精调小车对经过精调的地段进行复检，并且进行分析；召开会议，对轨道检查仪波形图展开分析，从分析中总结经验，吸取教训。

（4）联调联试期间轨距精调。在保证轨枕位置正确的前提下，在联调联试期间可采用精调件进行精调。

3.3.3　轨距精调时注意事项总结

（1）建议精调轨距开始后，尽量不要进行稳定车作业，稳定作业尽量在前期捣固时完成。前期尽量完成电容枕、电磁枕的抽换工作。

（2）据了解，有的地方全线采用大机的加载的那根钢轨为基准轨，为了使调整时不影响TQI中轨向数据；有的项目采用老式的曲线上轨为基准轨。为防止出现返工现象，建议项目部提前与设备管理单位对接，确认好基准轨。

（3）提前完成轨道标配工作。放散后会出现扣件缺失、螺栓失效、胶垫歪斜或缺失、轨枕歪斜或左右不居中导致扣件不落槽的现象。精捣、轨距精调前必须全线对扣件、胶垫等进行检查、修补，螺杆必须保证涂油满足验收条件。精捣结束后再出现以上问题，会严重影响轨道TQI数据。

3.4　精捣测量数据采集

（1）测量前的准备工作。轨道精调小车软件设置，输入并核对轨道测量仪电脑中的线形文件及全站仪CF卡中的控制点文件。第一遍作业前必须对作业地段进行轨道精调小车每1.2 m点测量，控制好测量精度以及准确度，最终提供平面及高程调整数据。

（2）设置安全防护。上道前在计划测量区段按《工程线施工管理办法》办理，进行登记防护，确保人身和行车安全。

（3）全站仪设站。全站仪设站的方式是后方交会，通常使用八个CPⅢ控制点以保证设站精度，如果条件不足以设置八个控制点，那么也应该最少保证有六个控制点；电子气泡应该在居中位置，倾斜角度L和T之间的数值差应该小于1 mm；设站中的误差也有规定标准，东坐标/北坐标/高程应该不超过7mm，水平方向的定向误差不应该超过1.4″，设站的下一区间应该包括4个或者4个以上的上一个区间的精调控制点，这么做的目的是保证轨道线性是平顺的；全站仪设站的位置应靠近线路中心，每次设站均要在精测台账上登记，精测台账见表3-1，建议在晚上进行精测。

表3-1　精测台账

测量日期	使用小车编号	测量里程	设站精度						备注
			站号	1	2	3	4	5	
			设站人员						
			东坐标						
			北坐标						
			高程						
			水平定向						
			搭接精度						

（4）数据采集。①测量时应尽量保证工作的连续性，轨道精调小车应由远及近靠近全站仪的方向进行测量；②轨道测量时目标距离控制在12 m内；③搬站后并将轨道测量仪退后20 m（道岔区段退后15 m）重复采集进行搭接段测量；④第一遍测量搭接控制在3 mm以内，第二遍测量搭接控制在2 mm以内，第三遍测量搭接控制在2 mm以内，第四遍测量搭接控制在2 mm以内，如果各遍搭接超差，需重新设站、重新进行搭接测量；⑤平曲线、竖曲线段需采集前后120 m数据，方能保证顺接；⑥为大机精捣提供数据时，每隔1.2 m采集一次数据。

（5）导出数据。按需要格式导出精测数据提供给大机机组人员。

（6）编制精调方案。

第一，大机精捣方案。根据精测数据计算出实际轨面标高、平面位置与设计轨面标高、平面位置的差值编制大机精捣方案，具体包括以下内容。

1）方案编制原则：实际标高比设计标高大时，记录需落道的里程、标高及长度，进行落道，同一区段有几处需要落道时，待落道完毕并重新精测后再做方案；方案按1‰进行顺坡；按单台大机捣固做方案，单次起道量不大于30 mm；方案起终点不能在缓和曲线上。

2）编制方案：根据测量数据设定第一遍大机捣固后的实际轨面标高与设计轨面标高的差值（根据实际情况，某一区段的实际标高与设计标高偏差较大，设定的差值会不一样），得出第一遍大机的抬道量；拨道量为实际平面与设计平面的偏差值；第二遍待稳定后重新测量数据编制方案。

第二，人工整治方案。第一步按制订的精调作业标准修改轨道检查仪软件中的限值设置；第二步打开测量数据；第三步按调整量计算原则分别进行平面、高程调整，调整量应按0.2 mm控制，且应分别按长、短波进行检算；第四步对调整完的线形按照超限标准进行控制，确保线路平顺。

第三，有砟线路大机精确捣固。精确捣固根据精测数据编制的方案进行纯数据化捣固，第二遍大机自动顺平进行捣固、拨道，稳定车在大机后全面稳定。

第四，优化线路数据采集处理。有个别地段可能会出现高于设计面的现象，有砟段尽量避免这种类似的事情发生，最好处理方法为"落道"，工期不允许的情况下必须查明原因上报总工，同意后进行顺坡处理；为保证线路的平顺性，顺坡的原则是以该段最高点再加5 mm起道量，然后把高于设计标高的高差进行万分之一坡率顺接。在处理有砟、无砟过渡段时，以无砟段精调后的轨道现状为零点进行万分之一坡率顺接。

3.5 大机精捣

（1）有砟线路大机精确捣固。精确捣固根据精测数据编制的方案进行纯数据化捣固，第三遍大机自动顺平进行捣固、拨道，稳定车在大机后全面稳定。

（2）大机精捣线路条件。①完成一遍轨距、轨变精调；②第一遍精捣条件是平面基本到位，线路平面与设计偏差小于20 mm，高程方面线路高程比设计高程低30 mm；③通过一遍普捣、三遍精捣达到平纵断面设计要求。

（3）大机精捣大机条件。①精捣前必须进行调试标定状况良好，保证提供的数据通过捣固后能全面实现；②当大机不能实现数据时，应停止精捣，安排调试；③当大机不能够稳定地实现或不能百分百实现时，应通过后面的试验计算实现率，通过调整精调方案来实现精捣目标。

（4）数据采集和方案设计。①采用轨道测量仪根据CPⅢ数据，每5 m采集一处数据（采用连续测量方法）；②按平行和吻合设计线形的原则设计精捣方案，原则上最大起道量不超过50 mm。大机采用09~32或以上型号捣固车进行作业；③遇变坡点或曲线ZH、HZ时，应延长至变坡点或曲线头两侧200 m。

（5）大机精捣工法及人工配合。必须实现人、机、网三合一。大机精捣方案必须用精测所采集的CPⅢ数据，根据设计线形进行方案设计后导入大机进行起拨道作业。

第一，大机配合。①大机根据设计线形及精测数据编制大机精捣方案；②大机根据当次作业范围准确在线路标注大机作业起点；③大机根据精捣方案进行捣固。

第二，测量组配合。①测量组每5 m精测1处后，将数据交大机；②每50 m标注1处线路里程，平面曲线5个桩应单独在轨枕标注，竖曲线应明确标注起点、中点、终点准确位置和里程，以上用白色油漆在轨枕中部顶面标注；③每遍精捣前在每50 m（道岔捣固时在尖轨顺坡接头、尖轨跟、岔趾及岔跟4处）处标注起道量、拨道量及方向（第一遍用黑色油漆、第二遍用黄色油漆、第三遍用绿色油漆），同时安排人员进行大机作业地段道床状况进行检查，当道床不饱满低于轨枕面时，严禁进行大机捣固；④进行精捣时，第一遍后安排劳力补充道砟，以便满足第二遍大机养条件，同时应在捣固后用道尺进行检查，在稳定车后也要安排人员检查；⑤第二遍大机精捣时，线路平面应控制在离设计线形平面10 mm，高程30 mm以内；⑥道岔捣固时，安排人员对曲股长岔枕进行起道捣固。

3.6 轨道不平顺性检查

相对不平顺数据（TQI）测量是对轨道几何状态以测量数据与设计数据的偏差值进行的轨道检查，数据影响车辆行驶的平稳性以及乘客的安全舒适度。主要采用零级轨检仪（使用于≤350 km/h线路）进行数据的采集.分析以及调整方案的规划，然后根据方案及现场实际情况进行调整，以达到车辆运营前的最佳状态，减少以后线路维护工作量，延长维护周期。

影响轨道平顺度的主要因素为轨距、水平、三角坑、左右轨高低和左右轨轨向。现对有砟无缝轨道的相对测量工作进行阐述。

目前有砟轨道除轨距是以人工作业进行调整外，其余六项主要靠捣固机进行精捣作业。先以绝对测量数据确保施工符合线路设计线形需要，起道量剩余8~10 cm后在轨道要求的标配前提下进行人工轨距调整后使用轨检仪进行数据的初步采集、分析。之后的捣固作业需要保证道砟饱满，否则会影响之后的精捣，每次捣固前1 km，轨检仪需跟进测量，确保捣固机的作业精准状态，数据达不到预期效果，需要对捣固机及时进行检查调整精准度，数据偏差过大必须对绝对测量数据进行复核[①]。起道量剩余3 cm轨距要确保人工调整到验收标准（直线区间要求固定单轨调整，曲线区间以超高股为基准股，低股作为调整轨），然后进行相对数据和绝对数据的再次采集，起道量达到设计后再次进行轨检数据采集，如果轨距和单项轨向影响数值大，再次对轨距进行调整，原因可能是扣备件的扣压力不足导致精捣后的数据变化，如果是水平不达标，需要捣固机给予0.5 ~ 1 cm的普起量下调深度给到最佳状态进行最后消缺，如果高低偏差值影响数据特别大，需要绝对测量，相对测量辅以弦线激光尺对数据进行再次采集，以排除长波不平顺，需要特别注意的是在精捣完成前一定要确保护轮轨没有安装、道砟的饱满以及稳定的夯实度，否则会影响数据的精准度及变化。

①孙和金，张杰. 高速铁路有砟轨道不平顺的解决方法[J]. 中国铁路，2017（9）：47-51.

第4章 双块式无砟轨道精调

4.1 双块式无砟轨道概述

双块式无砟轨道道床板施工是将双块式轨枕用工具轨组装成轨排，根据轨排测量数据对轨排进行精确调整，使轨排施工精度达到规范标准，以现场浇筑混凝土的方式将轨枕浇入连续均匀的钢筋混凝土道床内，形成无砟轨道道床板。长轨铺设具备无砟轨道静态精调调整条件后，通过轨检小车等测量设备对轨道状态进行检测和评估。

双块式无砟轨道主要是以高精度全站仪配合轨检小车进行无砟轨道精调，以线路两侧CPⅢ控制网作为测量基础，利用全站仪自由设站的方法求得设站点三维坐标，通过实测轨检小车上棱镜和轨检小车传感器，确定实测和设计坐标的偏差，从而调整轨道位置。

双块式无砟轨道施工流程如图4-1所示。

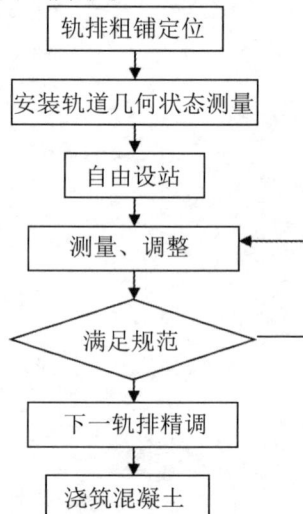

图 4-1 双块式无砟轨道施工流程图

30

4.2 无砟轨道的底座板施工技术

由于无砟轨道底座板的施工是确保"轨排框架法"高精度的关键所在，故现场施工中无砟轨道底座板的施工需要为排架法提供更好的施工条件。

4.2.1 梁面处理

（1）对梁面的预埋套筒进行清理并将其露出来，还应对预埋套筒内的沙浆和内丝扣进行检查，以确保工程质量；统计底座板的植筋数量并确定植筋位置。

（2）检查梁面轨道一定范围（中心线2.6 m内）的拉毛处理情况，检查后对不满足相应处理要求的梁面重新做凿毛处理，且注意凿毛时应按照相应的规定，并保证新凿毛与梁面拉毛部分的搭接长度不少于20 cm。及时采用高压水和钢丝刷对凿毛过程产生的浆液进行清洗，且在保证梁面结构安全的基础上，采用人工或电锤方式对桥面浮渣和浮浆等进行凿除。

（3）对桥面进行清洁，通过压力式清洁可判断桥面是否完好无损、有无裂缝等；桥面铺设的材料应进行专门的采购，以保证桥面的质量。

4.2.2 底座板施工放样

1.底座板基本知识

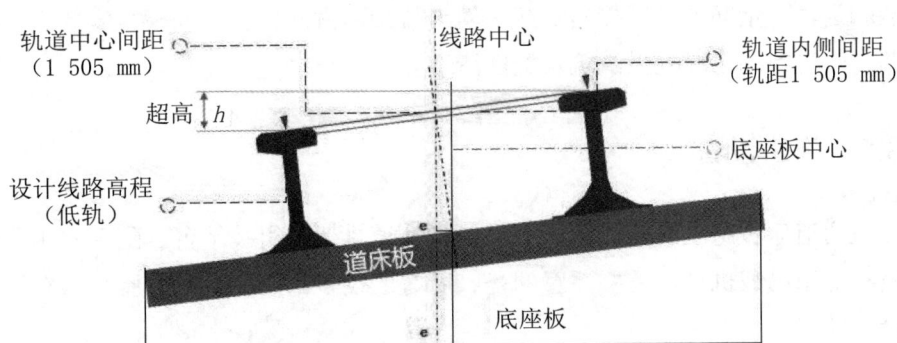

图 4-2　底座板

曲线超高采用外轨抬高方式，在底座上设置，并在缓和曲线范围内线性过渡。根据施工图纸，理解线路中心与底座板中心的相互关系，不能忽视偏移值e。e是指曲线地段凹槽顶面中心线相对线路中心线的水平偏移量。偏移量根据超高设计值计算确定。

　　路基地段、桥梁地段和隧道地段的底座板设置各不相同，详细设计结构见项目施工设计图。底座板和支承层放样的理论坐标及高程，需根据设计的线路平纵曲线及超高等各项参数计算。

2.底座板放样

　　无砟轨道混凝土底座及支承层平面放样应依据轨道控制网CPⅢ，采用全站仪自由设站极坐标法测设；高程测量可采用全站仪自由设站三角高程或几何水准施测。采用全站仪和专用棱镜精确放样底座板位置、弹出边线与限位凹槽线，并将基面高程交底至技术人员。底座板高程直接影响浇筑层的厚度，对轨道的结构体系的质量起着至关重要的作用。因此在底座板浇筑过程中应对模板进行控制测量，以随时关注模板的变化情况，发现问题及时解决，保证底座板及支承层的施工质量。

　　（1）在混凝土浇筑之前需对模板高程进行检查。

　　（2）在混凝土振捣以后抹平之前需对底座板高程进行第二次检测，如果有上浮或下沉现象，及时采取措施。

　　（3）底座板抹平后需进行高程检查。

4.3　无砟轨道的道床板施工技术

　　无砟轨道的道床板施工涉及的步骤有：施工准备、底层钢筋加工与安装、测量放线、轨排组装和运输、钢筋铺设及接地焊接、轨道排架的拆除、纵横向模板安装、轨排就位、轨道精调、轨排粗调、混凝土浇筑及配件清理。

4.3.1　施工设备

　　无砟轨道道床板施工需要以下成套设备：轨道排架、组装平台、配套专用龙门吊、纵横向模板和专用吊载机具。需要注意的是，所有的设备都需要进行检验，只有检查合格才可以投入使用。

　　（1）轨道排架：为无砟道床施工轨道排架，该排架将托梁、工具轨、夹板、轨面高低调节器、螺柱支腿和轨向锁定器等结构部件组合成框架式一体工具。其中螺柱支腿可以调整轨道排架的高低和水平位置，轨向锁定器可以横向调整和固定轨道排架。在实际施工中，要根据线路的长度、曲线半径大小、轨道排架制造精度、施工就位难易程度及曲线段矢量差值，以及相邻轨枕间内外弧差异等因素来综合选择施工所需排架类型和每棉轨排架长度。

该轨道排架能够适用我国现有设计时速高速铁路无砟轨道道床施工，能在桥梁、隧道等特殊区段内施工，并能适应平面半径大于1 000 m、纵面坡度小于30‰的线路条件。

（2）配套专用龙门吊：施工时将龙门吊安装在预制电缆槽内侧，另一侧设置防护墙。龙门吊依靠胶轮行走，同时采用相应变频技术来控制龙门吊行走速度，以实现其快速行走、慢速安装排架的目的。在施工前，龙门吊先由中铁第五勘察设计院相关单位安装就位，安装完成后由指挥部设备物资部负责组织验收。

（3）排架简易组装平台：通过该组装平台实现轨枕的定位和轨排的组装，主要包括组装平台和轨枕间距控制刻度。

（4）起吊吊具：起吊轨排必须使用专门的起吊吊具，以保证轨排结构顺直不变形，并能在施工时灵活就位。该起吊吊具主要由钢桁架、钢轨夹具及调整装置等组成，可每次同时起吊5根轨枕。

4.3.2 施工准备

该工程中无砟轨道所用轨枕均由中铁十九局集团下属的大西客专运城轨枕厂预制，并提供运输服务。施工前该轨枕厂需将施工所需轨枕运输到施工现场，并提供相应质量检验资料，由现场负责人员检查确认后方可运用于工程中。轨枕运输需按照相应的要求，运输车装车时每层间用方木（10 cm×10 cm）隔开，1剁数量为5根×3层。为保证运输过程中轨枕不受力破坏，应将轨枕放在相应承轨槽中部，并在运输过程中采用柔性绳索对轨枕进行捆绑。

轨枕运输车到达施工现场，进场后利用吊车卸车，后用叉车将其运输放置到线路中部位置处。

轨枕进场后由标段项目部物资部门组织进场验收，项目部材料员、项目监理公司和轨枕厂三方联合在施工现场对运达的轨枕质量进行检查验收。在验收中若按照相应规定发现有损坏或潜在损坏的轨枕，应将其标出，在施工过程中严禁使用。验收完成后，三方应及时交底办理验收手续，并签字确认。

在对轨枕进行质量检测时，应注意相应的检测项目。具体参见如下要求。

（1）预埋套管内不允许堵塞。

（2）承轨台表面的气孔缺陷、粘皮缺陷、麻面缺陷等长度应该小于等于10 mm，深度应该小于等于2 mm；挡肩表面的气孔缺陷、粘皮缺陷、麻面缺陷长度应该小于等于50

mm，深度应该小于等于5 mm。

（3）表面不得有肉眼可见的裂纹。

（4）轨枕周边棱角的破损长度应小于等于50 mm。

4.3.3 道床板施工测量放线

在进行轨道道床施工测量放线时，根据工程经验，应按照相应的步骤的进行。具体如下：

步骤1：首先根据CPⅢ控制点和设计的道床板位置，利用全站仪在底座板土工布上放出相应中线控制点，后打入钢钉定位，同时喷刷红色喷漆标识。在放出多个中线控制点后，利用墨线定位出轨道的中心线。

步骤2：在利用墨线得到轨道的中心线后，根据设计资料及中心线位置确定道床板底层最外侧纵向和横向钢筋的位置，同时根据设计线路中心线和单线中心线对钢筋位置进行校核，以确保放样无误。

步骤3：在步骤2得到最外侧钢筋位置的基础上，根据设计的纵向钢筋间距和横向钢筋间距逐一利用红色记号笔标出所有钢筋的位置。

步骤4：测量放样后将测量放样的内容进行记录，并采用书面交底的形式将测量放样的内容与技术员交底。

测量放线相关要求包括：①人员包括测量员3人，普工2人；②材料机具包括测量仪器1套（放线定位）、墨斗（弹线）、钢卷尺（测量纵横向钢筋间距）；③红油漆工序质量标准及验收检验方法，由现场技术员采用钢卷尺检查复核每块道床板中线位置（中线偏差不超过2 mm）、纵横向钢筋间距与中线的相对距离满足设计要求后，报请监理工程师验收合格后通知现场领工员安排进行钢筋安装，由测量员填写《测量放样记录表》。

4.3.4 底层钢筋加工与安装

（1）钢筋的加工制造。根据工程设计资料，轨道道床板纵横向钢筋均采用HRB335型钢筋，其中纵向为ϕ20钢筋，横向为ϕ16钢筋。

在桥梁限位凸台处，钢筋同样采用HRB335型，直径为ϕ12，同时采用环氧树脂涂层。该处钢筋采用3种型号，分别为N3=1.826 m（6根），N4=1.256 m（2根），N5=1.476 m（6根）。钢筋弯曲过程中采取在弯曲机上增加2 mm厚橡胶垫板的方式进行保护，防止涂层破坏，并设专人进行涂层检查，对在加工过程中破坏的涂层进行二次处理修补。

对于凹槽纵向钢筋，因轨排框架的影响，其在加工过程中，应注意待轨排放置完成后再制作顶面直角弯钩（后晚成型）。

（2）底层纵横向钢筋的安装。在完成钢筋的加工后，按照一定的步骤进行钢筋的安装，具体如下：

步骤1：利用墨线弹出并标出凹槽钢筋的放置位置，将N3、N4、N5型钢筋摆放在相应位置处并绑扎。同时在钢筋底面凹槽四角和中心处各摆放一个保护层垫块（25 mm厚C40混凝土）。

步骤2：根据测量放样得到的纵向钢筋位置摆放相应的钢筋。

步骤3：根据放样得到的横向钢筋位置从道床板一端向另一端逐条放置安装横向钢筋。安装时注意先将绝缘卡卡在已经摆放好纵向钢筋上，然后直接将横向钢筋放置在卡槽内，待钢筋绑扎牢固后将绝缘卡伸出多余部分减除。

步骤4：在绑扎钢筋完成后，为确保保护层厚度，需在纵向钢筋下放置保护层垫块，垫块采用35 mm厚C40混凝土制作。垫块安装时保证每横断面安装5个，纵向间距0.8 m，需保证每平方米范围内不少于4个。

4.3.5　纵横向模板安装

在进行纵横向模板安装前，需进行模板检查，以检查模板的平整度、清洗及脱模剂涂刷情况是否满足相关要求，同时对于损坏的模板要及时更换。

待模板检查确定无误后，先安装横向模板。注意模板（高度32 m）的下端要插入到底座板缝内至少4 cm。模板的顶部与轨排工具轨的连接通过定位器实现。

在横向模板安装完成后，进行纵向模板的安装。纵向模板的高度与横向模板相同，为32 m，其中外包底座混凝土4 cm。且纵向模板需要与轨道排架框架相配套，同时在安装前为确保浇筑时不漏浆，需在模板底座侧面四周顶部粘贴2 mm厚双面胶条。

模板安装及检验程序包括：①人员包括模板工8人；②材料机具包括普通扳手，平板车；③工序质量标准及验收检验方法，由现场质检员检查模板是否干净，当无混凝土污染及时干净；④脱模剂涂刷时油膜分布均匀即说明脱模剂涂刷良好，使用水平尺检查纵向模板以保证其垂直度，待模板安装完成后，检查确保下部结构表面清洁，模板安装过程中所有检查项目完成并合格后报请项目监理工程师验收，待合格后通知现场领工员安排轨排精调工作。

4.3.6 轨排组装和运输

在完成模板安装后，再进行轨排的组装和运输。根据设计给出的相应轨枕布置图进行轨排组装并铺设，施工按照以下顺序进行。

步骤1：进行轨枕吊装。根据施工进度，将施工待需要的轨枕吊起放置在轨排组装平台上。注意吊装时应采用相应的轨枕专用吊具和龙门吊，每次起吊时按照相应起吊重量（5根轨枕）起吊，且起吊过程中应保证低速、平稳运行。

步骤2：进行轨枕的精确放置（匀枕）。按照设计的轨枕位置并利用组装平台上的轨枕定位线将放置在平台上的轨枕进行精确放置，过程中利用专用轨间距卡具来使轨枕放置位置与设计位置接近，以保证轨枕间距误差在5 mm内。待定位后对轨枕表面进行清理。

步骤3：进行轨下垫板及锚固螺栓的安装。利用龙门吊吊装轨道排架并将其平稳、缓慢地放置在轨枕上。注意放置过程中排架扣件的螺栓孔位置和轨枕上的螺栓孔位置要对齐。

步骤4：在步骤4中将螺栓孔定位后，从上至下将扣件扣在轨枕上。

步骤5：在轨排组装完成后，复查轨枕的位置是否准确，位置无误后扣紧扣件。轨枕位置并上紧扣件。

步骤6：检查轨枕间距是否正确，同时保证轨排螺栓安装质量。在检查确定合格无误后将组装好的轨排至预定位置进行定位铺设。

轨排的组装和吊装工序包括：①人员包括轨枕布设及扣件安装8人；②材料机具包括龙门吊吊具、轨枕专用吊具和扭矩扳手；③工序质量标准及验收检验方法，由现场技术员尺量检查轨枕间距，扣件安装弹条是否与工具轨密贴（观察），合格后通知现场领工员安排轨排就位工作。

4.3.7 轨排就位

轨排组装就位后进行轨排的铺设安装，具体步骤如下。

步骤1：进行轨排的布设。利用铺装龙门吊将轨排吊起并运到规定的铺设地点。就位时按照线路中线和高程进行定位，定位需要注意让高程的误差控制在-10 ~ 0 mm，中线误差控制在-10 ~ 10 mm。在就位安放的过程中，两个链接的轨排需要使用夹板连接，且夹板与轨排之间的接头需要安装四个套螺栓，安装之后拧紧，需要注意的是，安装时，轨缝需要预留1 mm到10 mm的缝隙。

步骤2：安装轨向锁定器。安装轨向锁定器时，需要将轨向锁定器放置在防护墙一侧的底部，然后把另一端放在轨排托梁的支腿上；在线路中线一侧和轨排托梁支腿外侧距离50 cm的位置钻一个孔，在这个孔处支撑锁定器。

轨排就位操作工序包括：①人员包括龙门吊司机1人、普工8人、质检1人；②材料机具包括龙门吊、轨排吊具、电钻、20 cm长φ16钢筋头；③工序的质量标准及验收检验方法，由现场质检员使用直尺检查铺设轨枕间距，使误差不大于5 mm，同时使轨道排架尺寸满足相应的规定，合格后通知现场领工员安排轨排粗调工作[①]。

4.3.8　轨排粗调

步骤1：进行中线的调整。中线（横向位置）的调整通过调整轨向锁定器来实现。先利用全站仪并采用自由设站法定位，然后测量轨道排架托梁上的中心基准器，将测得的位置数据记录并与设计中线位置对照。与设计位置的偏差超过一定的限定后，对其进行调整，调整时安排4人分别在轨排两侧调整轨向锁定器。当测得的中心基准器偏离轨道中线左侧时，右侧工人逆时针旋转右侧轨向锁定器（逆时针旋转），左侧工人顺时针旋转左侧轨向锁定器，从而使轨排向右移动至设计轨道中线位置；当测得的中心基准器偏离轨道中线右侧时，同上反向调整，从而使轨排向左移动至设计轨道中线位置；待轨排横向定位后锁定轨向锁定器。在调整的过程中，不可能一次性准确到位，因此需要多次调整，从而使中线偏差在±5 mm范围内。

步骤2：进行高程调整。首先利用精密电子水准仪对每轨排（8个点）对应托梁处钢轨的标高进行测量，将测得的高程结果与设计中的高程值进行比较。当实际测得的轨面高程小于设计的轨面高程时，旋转竖向螺杆使轨排的高程达到设计标高；而当实际的轨排高程大于设计标高时，松开轨向锁定器并同样利用扳手调整竖向螺杆，从而使轨排高程与设计标高一致。注意在调整轨面高程时，应利用竖向螺杆逐点调整，并使实际轨排高程与设计的轨面标高之间的误差在一定的范围之内（−5 ~ −2 mm）。

步骤3：在中线和高程调整等粗调完成后，在相邻两排架间设置夹板进行连接，夹板和排架连接处的连接螺栓按1—3—4—2的顺序拧紧。

轨排的粗调程序包括：①人员包括测量员3人、普工8人；②材料机具包括莱卡全站仪、精密电子水准仪及配套设备、开口扳手和活动扳手；③工序质量标准及验收检验方法，由现场测量员、技术员需检查轨枕位置和里程点是否对应，从而保证轨排放置在相应的具体位置，检查放置的轨排的中线和高程，与设计标高做比较并满足相应的偏差要求，检查后填写"轨道调整检查记录表"，技术员通知现场领工员安排顶层钢筋安装及接地焊

---

①高贵.CRTS双块式无砟轨道承轨台智能测量技术[J].铁道建筑，2021，61（3）：116-119，142.

接工作。

4.3.9 钢筋铺设及接地焊接

在对轨排的中线和高程等粗调完成后，进行道床钢筋的铺设工作。过程中应按照相应的设计要求，并遵循一定的步骤，具体如下所示。

步骤1：在进行钢筋布置前先将下部结构的顶面进行清理保证干净。而后根据控制网放线并按照设计方案布设钢筋。在散布钢筋的过程中，要注意在起吊和安装时避免钢筋变形，同时在隧道、路基等地段合理确定钢筋纵向搭接长度。

步骤2：进行纵向钢筋的布设。根据设计纵向钢筋间距在相应位置标识出钢筋位置，而后吊装安置纵向钢筋。注意在纵向钢筋和轨枕桁架的交接处要安置绝缘卡，并采用塑料绝缘扣斜向扎结。

步骤3：进行横向钢筋的布设。同纵向钢筋的布设，先标识出横向钢筋的布设位置，而后放置横向钢筋。同时在纵横向钢筋交接处安置绝缘卡，并采用塑料绝缘扣斜向扎结。

步骤4：布设纵横向接地钢筋。钢筋之间采用相应型号钢筋单面焊接，接地端子焊接固定在道床两侧接地钢筋上。且注意焊接时接地端子表面应加保护膜措施。

步骤5：进行钢筋绝缘电阻的测试。①检查不同纵横向的钢筋之间绝缘卡是否完整、是否发生脱落；②检查钢筋和轨枕桁架交接处的绝缘卡是否完整、是否发生脱落；③使用欧姆表测量电阻，除了接地电阻之外，其他的钢筋电阻需要超过2 MΩ。

钢筋布设的操作工序包括：由现场质检员检查接地钢筋的焊接长度并满足不小于200 mm的要求，接地端长度不大于100 m，钢筋的安装数量、间距、交叉点是否逐点绑扎，以及混凝土保护层厚度符合相应的规定，钢筋网绝缘性能满足设计要求；防止接地端子污染。检查合格后填写"钢筋加工检查记录表""钢筋安装检查记录表""综合接地检查记录表"，报请监理工程师验收合格后通知现场领工员安排模板安装工作。

4.3.10 道床板施工轨道精调

之前一步的工序经过验收并且合格后才可以开始安排轨道精调。线性参数文件需要各个作业区一起设计，并且进行复核，之后才可以导入轨检小车。测量开始前，需要通过0级道尺标定轨检小车的检测现场，对轨距和超高进行校对。作为道床板混凝土作业之前的最后一步，轨道精调需要使用全站仪自由设站，并且配合轨道几何状态测量仪，测量人员应先检查精调小车双轮以及单轮要绝对的干净，不能沾有混凝土及其他污垢，同时检查轨面及轨内侧不能沾有混凝土及其他污垢。同时，轨道精调应按照相应的步骤以保证精调有效，具体步骤如下。

步骤1：全站仪自由设站应满足规范的规定。

（1）架设全站仪：全站仪应架设在与轨道几何状态测量仪棱镜同一直线位置，高度尽量与棱镜同高，与轨道几何状态测量仪距离在5～65 m，具体设站距离应根据外界环境确定，当环境温度稳定、无风、无雨雾且无阳光直射时可适当加大设站距离，反之则减小。

（2）建立作业文件：作业文件按每工作日为基础，在更换线型参数和基准轨时应建立新作业文件。

（3）超高及轨距校准：超高在轨道数据采集前必须进行校准，且掉头测量差≤0.3 mm，可进行多次校准。

轨距校准：GRP1000S小车可根据现场测量记录进行检查。轨距校准采用0级电子道尺进行校准。

（4）全站仪设站：采用全站仪自由设站测量方法进行三维测设。全站仪自由设站测量观测的控制点不宜少于3对（点对布设形式）或4个（单点布设形式）；更换测站时，相邻测站重复观测的轨排控制点不宜少于1对（点对布设形式）或两个（单点布设形式）。自由设站测量的精度应符合的相关规范的规定，表4-1为常用要求。

表4-1 设站测量精度

m_x	≤1 mm
m_y	≤1 mm
m_h	≤1 mm
m_a	≤3.0 "

（5）检核点的定义和检核：全站仪设站后至本设站轨道数据采集期间，全站仪会随着时间的推移、外界环境的变化或振动导致全站仪出现位置变化，从而影响轨道采集数据的精度。为此，本书结合多年测量经验，采用检核点来检核全站仪位置变化是否满足轨道精调测量要求。

定义检核点：在全站仪设站完成后立即选定一个本设站内最远CPⅢ控制点作为检核点，测量其三维坐标并记录。

检核点检核：本设站轨道数据采集完成后，再次对检核点进行测量，将测量三维坐标与定义时三维坐标进行检核，如其 X、Y、H 差小于2 mm，可视为本设站内全站仪位置变化较小，可满足轨道测量精度要求，本设站测量轨道数据真实有效，否则应对本站测量的轨道数据进行重测。

测量轨道数据：定义检核点之后，需要将全站仪和轨道几何状态测量仪棱镜进行对准，然后采集数据。在采集数据的时候，一定要保证让轨道几何状态测量仪稳定地停下、固定再改一个位置之后才能采集数据，一般情况下，建议在施工模式下进行GRP1000S轨道几何状态测量，在距离全站仪5 m的时候，应该停止采集，然后移到下一站，现场应该进行数据的记录。

调整中线：利用开口扳手对左右轨向锁定器进行调节，轨道中线也要进行调整，每次可以调整2组，左右都需要配备2人，并且同时作业。中线调整到位之后，需要在仪器监控下，把松扣一侧拧紧，在这个过程中已经调整完毕的中线不可以改变。

接头联测顺接控制：在之前已经浇筑过的混凝土地段，应该提前把一根轨排扣件拧紧。然后使用已经调整完毕的修轨道几何状态测量仪对浇筑地段展开复测，复测至少要涵盖8根轨枕，如果偏差范围允许，应该采用补做功展开调整。没有浇筑的地段，因为设站（全站仪搬站）误差的存在，所以前后两段之间的连接精度有一些偏差，如果偏差大于2 mm，那么应该采用手动方式或自动补偿功能调整偏差。

在调整下一站的时候，需重叠之前调整过的8根轨枕或者9根轨枕、10根轨枕。

如果CPⅢ点精度、全站仪精度、设站精度和测量小车精度是符合标准的，那么两设站点测量同测点的绝对偏差值中线应该小于等于0.5 mm、高程应该小于等于2 mm；如果出现的偏差比上面的数据大，那么需要分析误差大的原因。首先要做的是对设站点1和设站点2的设站精度进行检查，假设设站精度是正确的，那么需要重新复测CPⅢ控制点，这样做是为了确保CPⅢ点的精度是正确的；顺接段后的第一个轨排架是过渡段，每枕的数据按照依次的顺序进行递减，递减值应该小于等于0.2 mm，一直递减到绝对偏差接近零为止。图4-3示范的是1 mm的高程顺接。

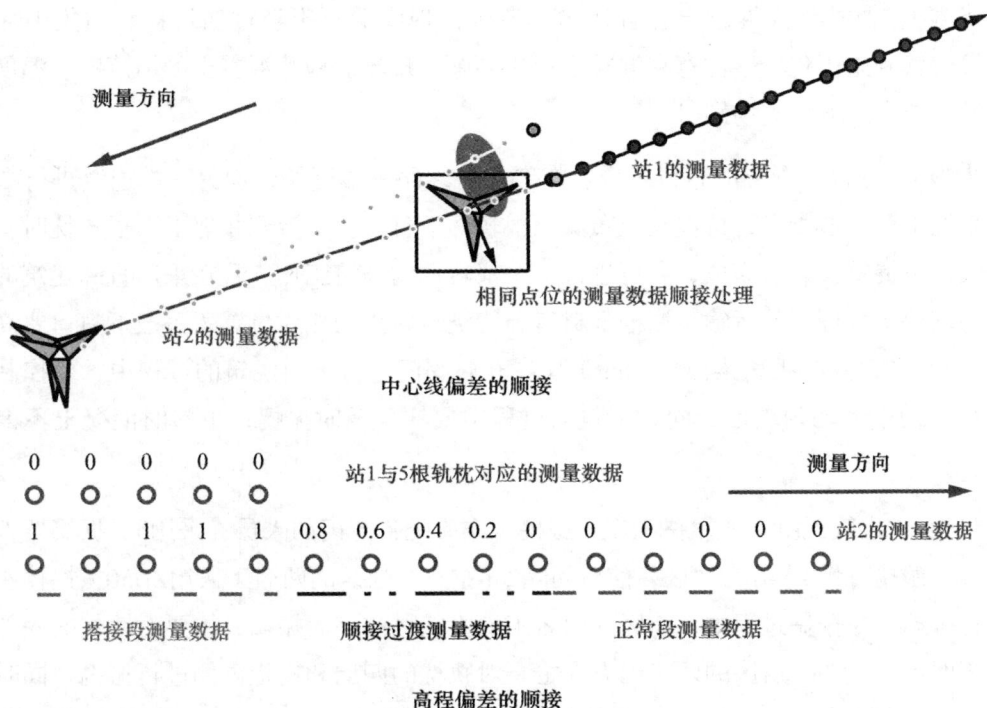

图4-3　高程顺接示意图

轨道精调时需要格外注意每一个指标的变化率。举例来说，轨距的变化率应该小于等于1/1 500，每1.5 m范围内允许的变化范围是1 mm。

轨道的精调程序包括：①人员包括测量员3人、普工6人；②材料机具包括精调小车、全站仪、开口扳手和套筒扳手；③工序质量标准及验收检验方法，由现场质检员、测量员检查轨道精调结果，并填写"轨道调整检查记录表"，报请监理工程师验收合格后通知现场领工员安排混凝土浇筑工作。

4.3.11　道床板施工混凝土浇筑

在进行轨道的精调后，为减小外部扰动，应尽早浇筑混凝土。混凝土的浇筑应按照相应的步骤，具体如下。

步骤1：混凝土浇筑前准备。清理杂物保持浇筑面干净，且浇筑底座上不得有积水。浇筑前在轨枕表面喷雾以保证轨枕和现浇混凝土间的接触。轨枕防护罩覆盖轨枕、扣件和钢轨。同时检查螺杆、接地端子等部件是否满足相应要求。

步骤2：在上一步初次检查的基础上复检轨道几何参数等数据，以确认轨排安装精确，对于超过允许偏差的应重新进行调整，直到达到相应要求为止。

步骤3：搅拌现浇混凝土并且运输。道床板现浇混凝土经过项目拌和站集中拌制之后，被运输到施工现场。注意在混凝土运送到施工现场后检验混凝土的坍落度、温度等指标，满足要求后方可进场卸料。

步骤4：进行混凝土的布料工作。布料时从线路一端开始，向另一端连续进行。在每一根轨枕下建筑混凝土，待混凝土布满一根轨枕下且发生溢流到相邻下一根轨枕时，说明当前轨枕下混凝土建筑完成，方可进行下一根轨枕的浇筑工作。且在采用直卸建筑的方式时，要按要求合理调整运输车溜槽下料口与待浇筑轨排的相对位置（一般下料口要高于轨顶30 cm左右，同时距离梁面102 cm）。在开启阀门进行下料浇筑的过程中，要控制好下料速度，使下料均匀缓慢，同时下料的过程中要注意及时振捣，下料时混凝土不得冲击轨排。

步骤5：进行混凝土的振捣工作。振捣工作应配备专门的人员，采用4个振捣器人工进行振捣。振捣时将4人分为两区，前后间隔2 m左右。前区的两名工人用ZD50振捣棒左右对称进行振捣。在振捣过程中，前区的两名工人不能一前一后振捣，主要对轨枕的底部和下部钢筋网进行振捣。后区的两名工人在主要对轨枕的四周和模板内侧进行振捣，同时对前区工人欠振处进行补振，振捣时后区工人采用ZD30振动棒。在整个的振捣过程中，应避免振捣棒接触轨道排架和轨枕。

步骤6：浇筑完成后进行混凝土抹面。在上一步按要求完成混凝土浇筑后，要及时对表层混凝土进行抹面修整工作，以使裸露面平整。在对道床板混凝土进行顶部抹面的工作时，要根据设计标高分三次进行。混凝土入模之后，第一次抹平时，需要使用坡度尺和木抹，间隔1 h以后，需要使用钢抹进行第二次抹面，这次是精细的抹面。进行到第三次时，需要保证在混凝土初凝之前开始，这样可以让顶层混凝土表面实现压光。而且，第三次抹面不可以用水，用水会导致出现裂纹。在整个的抹面过程中，要控制好表面排水坡的坡度。

步骤7：进行轨排的清理工作。在三次抹面工作完成之后，要及时清理在混凝土浇筑过程中沾在轨排、轨枕和扣件等部件上的灰浆。注意清洗时不能用水清刷，要用毛刷和湿抹布清洗轨排。

步骤8：进行数据的再次采集和复核。混凝土浇筑过程中可能会引起轨道几何参数的改变，因此在完成道床板混凝土的浇筑工作后，再次用精调小车和全站仪测量采集轨道的几何形态，确定其几何数据的变化量，从而为后续的施工积累经验。

步骤9：混凝土初凝后的轨枕处理。待混凝土养护初凝后，为防止温度变化时因螺栓过紧而钢轨不能伸缩造成混凝土的破坏，需将扣件和鱼尾板螺栓松开一定程度（一般松开支撑螺栓1/4~1/2圈）。且现场混凝土的初凝时间要根据试验室的钢球压痕试验来确定。

混凝土浇筑工序质量标准及验收检验方法：浇筑过程中应由试验员、技术员全过程旁站监督，并检查记录进场混凝土的坍落度、含气量、混凝土入模时度等有关数据，填写《混凝土浇筑检查记录表》。

注意事项：桥上单节混凝土的浇筑应连续浇筑，中间不能中断（不允许出现施工缝）；若建筑工作因某些原因而中断时，本节道床应重新浇筑；浇筑后应按一定的坡度设置横向排水度并抹平；在浇筑施工过程中，要注意用精调小车及时监测轨道参数，若出现不满足要求的情况，及时精调固定。

4.3.12 轨道复测

轨道复测是检核已灌注混凝土后成形道床板的轨道几何状态，在复测前测量人员应先检查精调小车双轮以及单轮要绝对的干净，不能沾有混凝土及其他污垢，同时检查轨面及轨内侧不能沾有混凝土及其他污垢。

数据复测完，测量人员及时出报表查看分析数据，如果数据有偏大位置应及时反馈，分析原因找出问题所在，做出调整方案。无砟轨道数据采集分两次进行，第一次在轨排精调完成后采集轨道几何形位数据，第二次在道床板混凝土浇筑完成后采集轨道几何形位数据，两次数据对比分析，为后续无砟轨道施工起到指导作用。

4.3.13 轨道排架的拆除和配件清理

轨道作为轨道板施工的集合机具，在完成轨道板的施工后要按要求拆除。待轨道板的混凝土养护强度达到5 MPa后，按规定顺序松开螺柱支腿和扣件，将排架和模板等固定装置拆除；利用龙门吊将轨道排架转运到组装区，待在组装区清理完成后再吊装进入下一循环作业。同样，混凝土的达到5 MPa的时间要通过实验室的试件抗压强度来确定。

注意在轨道排架拆除后，原先的底座板模板加固孔和道床板轨排锁定器支撑孔会显露出来，因此需用GTZ–YJ支座灌浆剂进行封堵。

轨道排架的拆除工序包括：①人员一共七个，一个是门吊司机，其余是普工；②材料机具主要有轨排吊具、钢刷、螺栓扳手和龙门吊；③道床混凝土抗压强度为5 MPa，达到要求后，才可以把总模板拆除，应该在两个线路中间集中存放拆下的模板和附件。

4.4　轨排精调前准备

1.前期准备工作

无砟轨道精调施工测量设备的配备有Amberg精调小车、松下CF-19笔记本电脑、全站仪（徕卡TCRP1201+）、棱镜、电子轨距尺、弦线、塞尺及丁字尺等。测量进行前必须检查仪器设备是否在检定期内，各种配件是否齐全，仪器设备连接是否正常，确保测量设备到现场后能够正常使用。GRP1000S操作人员需具备系统的测量知识，能够熟练地操作测量设备，并具有现场使用全站仪进行轨道调整的经验。

2.内业资料的准备

主要设计平纵线形及超高等设计资料，应仔细核对设计数据，确认无误后输入精调作业所使用计算机中，正确设置项目属性。

（1）线路参数计算。

根据设计院提供的设计线路参数，包含线路曲线参数、坡度表、超高表和断链表，按照轨道数据采集软件的要求进行曲线五大桩的计算，计算完成后再次进行方位角的复核，确保计算参数的准确。

（2）线路参数的输入。

轨道数据采集软件线路参数的输入按照平曲线、竖曲线和超高分别输入，上下行分别建立项目输入，建议在进行长轨精调时按照运营里程进行线路参数的输入，避免采用施工里程导致断链过多，同时采用运营里程也便于与运营期间一致。

4.5　双块式轨排粗调

通过CPⅢ控制点按设计轨排位置在每一个纵断面上放出轨排边线控制点（直线段10 m一个断面，曲线段5 m一个断面），采用钢钉精确定位做好标记，红油漆标识，用墨线弹出边线。

轨排经支撑架粗铺就位后，以加密控制点为基准，使用直角道尺，通过调整钢轨支撑架的支撑杆对轨道几何状态进行粗调。要求轨排目视顺直或圆顺，轨面高程、水平方向偏差均不超过±5 mm（以减少精调的工作量），检查所有轨道扣件安装是否紧固。

4.6 双块式轨排精调

上道工序验收合格后方可进行轨排精调工序。各作业区统一建立设计线性参数文件，经过复核导入轨检小车。每次测量前，应用0级道尺对轨检小车进行现场标定，校对轨距和超高。轨排精调是道床板混凝土施工前的最后一道工序，轨排精调应采用全站仪自由设站配合轨道几何状态测量仪进行，测量人员应先检查精调小车双轮以及单轮要绝对的干净，不能沾有混凝土及其他污垢，同时检查轨面及轨内侧不能沾有混凝土及其他污垢。

（1）全站仪自由设站应满足规范的规定。

①架设全站仪：

全站仪应架设在与轨道几何状态测量仪棱镜同一直线位置，高度尽量与棱镜同高，与轨道几何状态测量仪距离在5~65 m，具体设站距离应根据外界环境确定，当环境温度稳定、无风、无雨雾且无阳光直射时可适当加大设站距离，反正则减小。

②建立作业文件：

作业文件按每工作日为基础，在更换线型参数和基准轨时应建立新作业文件。

③超高及轨距校准：

超高在轨道数据采集前必须进行校准，且掉头测量差≤0.3 mm，可进行多次校准。

轨距校准：GRP1000S 小车可根据现场测量记录进行检查。轨距校准采用0级电子道尺进行校准。

④全站仪设站：

采用全站仪自由设站测量方法进行三维测设。全站仪自由设站测量观测的控制点不宜少于3对（点对布设形式）或4个（单点布设形式）；更换测站时，相邻测站重复观测的轨排控制点不宜少于1对（点对布设形式）或两个（单点布设形式）。自由设站测量的精度应符合的相关规范的规定，表4-2精度为常用要求。

表 4-2 自由设站测量精度

m_x	≤1 mm
m_y	≤1 mm
m_h	≤1 mm
m_a	≤3.0 "

设站精度不满足表的要求时，需检测参与设站的CPⅢ控制点坐标分量不符值，当不符值大于3 mm时，该CPⅢ不参与设站计算。在大跨度连续梁等特殊结构导致CPⅢ精度较差，不能满足设站精度要求时，应立即对该段CPⅢ控制点进行复测，并采用新复测CPⅢ点进行设站。

⑤检核点的定义和检核：

全站仪设站后至本设站轨道数据采集期间，全站仪会随着时间的推移、外界环境的变化或振动导致全站仪出现位置变化，从而影响轨道采集数据的精度。为此，本书结合多年测量经验，采用检核点来检核全站仪位置变化是否满足轨道精调测量要求。

定义检核点：在全站仪设站完成后立即选定一个本设站内最远CPⅢ控制点作为检核点，测量其三维坐标并记录；

检核点检核：本设站轨道数据采集完成后，再次对检核点进行测量，将测量三维坐标与定义时三维坐标进行检核，如其X、Y、H差小于2 mm，可视为本设站内全站仪位置变化较小，可满足轨道测量精度要求，本设站测量轨道数据真实有效，否则应对本站测量的轨道数据进行重测。

（2）测量轨道数据。定义检核点后将全站仪对准轨道几何状态测量仪棱镜，开始进行数据采集。在数据采集过程中，必须让轨道几何状态测量仪停止在某个位置稳定后方可进行数据采集，建议GRP1000S轨道几何状态测量在施工模式下采集，距全站仪5m时停止采集，进行下一站采集，轨道数据采集现场记录。

轨道状态测量仪放置于轨道上，安装棱镜。使用全站仪测量轨道状态，小车自动测量轨距、超高、水平位置，接收观测数据，通过配套软件，计算轨道平面位置、水平、超高、轨距等数据，将误差值迅速反馈到轨道状态测量仪的电脑显示屏幕上，指导轨道调整。

（3）调整中线。采用开口扳手调节左右轨向锁定器，调整轨道中线，一次调整两组，左右各配两人同时作业。在调整过程中，全站仪一直测量轨道状态测量仪棱镜，接收观测数据，通过配套软件，将误差值迅速反馈到轨道状态测量仪的电脑显示屏幕上，直到误差值满足要求后调整结束；中线调整到位后，在仪器监控下拧紧松扣一侧，在此过程中，不得扰动已调整好的中线；用专用开口扳手调节左右轨向锁定器，调整轨道中线，一次调整2组，左右各配两人同时作业。在调整过程中，全站仪一直测量轨道状态测量仪棱镜，接收观测数据，通过配套软件，将误差值迅速反馈到轨道状态测量仪的电脑显示屏幕上，直到误差值满足要求后调整结束。中线调整到位后，在仪器监控下拧紧松扣一侧，在此过程中，不得扰动已调整好的中线。

（4）调整高程。粗调后顶面标高略低于设计顶面标高0～-2 mm。用开口扳手，旋转竖向螺杆，调整轨道水平、超高（旋松超高调整器，调整轨排倾角，使轨排框架至设计标高，旋紧两侧竖向螺杆，使竖向螺杆与地面垂直）。调整后人工检查螺杆与混凝土是否密贴，保证螺杆底部不悬空。调整螺柱时要缓慢进行，旋转120° 为高程变化1 mm。

（5）接头联测顺接控制。在前次已浇筑混凝土地段,预先拧紧一根轨排扣件。采用调校好修轨道几何状态测量仪对浇筑地段至少8根轨枕进行复测,在允许偏差范围内,采用补做功进行调整。未浇筑地段,由于设站(全站仪搬站)误差导致前后两段连接精度存在偏差, 大于2 mm时，采用手动或自动补偿功能对偏差予以调整。

前一站调整完成后，下一站需重叠上一站调整过的8到10根轨枕。

在CPⅢ点精度、设站精度、全站仪精度、测量小车精度符合规范要求的情况下，两设站点测量同测点的绝对偏差值中线不大于0.5 mm、高程不大于2 mm；若偏差大于以上数据，则需要查找分析原因，首先是检查设站点1和设站点2的设站精度，如设站精度没有问题，则需要对CPⅢ控制点进行复测，以确保CPⅢ点的整体精度；过渡段从顺接段后的第一个轨排架开始，每枕的数据递减值宜小于0.2 mm，直到绝对偏差约为零为止。如图4-4所示，以偏差值为1 mm为例。

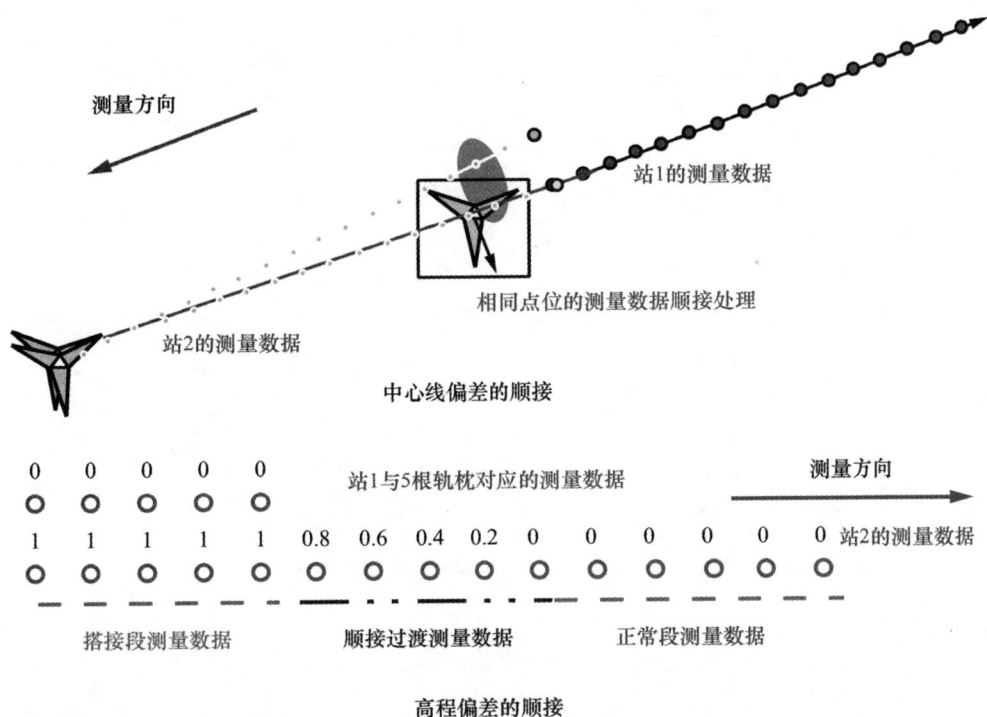

图4-4 中线高程顺接示意图

　　在轨排精调的过程中，应特别注意各项指标的变化率。例如,轨距的变化率不大于1/1 500，每1.5 m内最多只容许变化1 mm。中线偏差和左右轨高程偏差也同样要注意屏幕上显示的偏差值变化率和正负号问题。偏差尽量往0误差靠，或是保持同一符号的残余偏差，这样调出的线路才能获得较好的平顺性。

第5章　板式无砟轨道精调

5.1　CRTSⅢ型板式无砟轨道施工技术

CRTSⅢ型无砟轨道系统是中国具有自主知识产权的新型高速铁路无砟轨道技术体系，与国内外已经成熟的CRTSI型和CRTSⅡ型无砟轨道系统相比，作为CRTSⅢ型无砟轨道系统中重要组成部分的Ⅲ型板在施工工艺上有着明显的不同。所以，要保证Ⅲ型板能够顺利地进行施工定位，首先需要对其相关的技术进行研究。根据Ⅲ型板的设计理念和现场的施工工艺情况分析，Ⅲ型板在板厂预制时，通过调整钢模形状来直接浇筑出成品的轨道板，这项技术取代了旧型号轨道板需要在浇筑好的半成品轨道板上进行打磨调整的生产工艺；在现场施工定位的过程中，控制Ⅲ型板施工定位的精测网是轨道控制网（CPⅢ），从而淘汰了控制I型板和Ⅱ型板定位的轨道基准网（GRP）；并且由于Ⅲ型板独特的形状结构，其定位的断面情况也与I型板和Ⅱ型板不同。

5.1.1　CRTSⅢ板式无砟轨道简介

CRTSⅢ型无砟轨道系统是我国自主研发并提出的具有自主知识产权的新型无砟轨道技术体系。这种轨道板形式总结了我国现有的I型板和Ⅱ型板的研究与应用经验，这次再创新完善了无砟轨道的理论体系，CRTSⅢ型无砟轨道与原有的Ⅰ型和Ⅱ型相比，轨道板的结构、限位方式、板下填充和弹性都得到了一定程度的改善，具体的完善有以下四个方面。

（1）板下填充。无砟轨道的板下填充层是非常重要的一个部分，Ⅲ型无砟轨道系统的板下填充层采用的是复合结构，以自密实混凝土为原料，在原料中置入钢筋网片，将板下空间内的U形钢筋、轨道板等结构连接到一起，形成稳定的复合结构，这种板下填充层的结构不仅成本低、制作简单，耐久性也更好。

（2）轨道弹性。Ⅲ型板与之前使用的轨道板相比刚度更低，弹性更强，实现这种改变需采用有挡肩板和配套的弹性不分开式扣件，之前的轨道板通常使用的都是无挡肩板。

（3）限位方式。Ⅲ型板不再使用之前的Ⅰ型板和Ⅱ型板采用的限位凸台和定位锥，也将原有的CA沙浆填充材料替换掉，节能减排的同时也使施工工艺的难度降低。Ⅲ型板的扳道限位方式结合了U形钢筋和底座凹槽，加之自密实混凝土，形成了高效节能的新型模式。

（4）利用预置轨道板实现空间曲线。无砟轨道的线路曲线段和缓和曲线段都需要轨道板承轨台进行位移调整，曲线段需要进行横向矢距位移调整，缓和曲线段则是竖向高低位移调整。浇筑模具承轨台的位置是可以根据需要进行调整的，Ⅲ型板就是利用浇筑模具承轨台来预制各线路线形轨道板的。空间曲面轨道板可以通过几种不同的钢模和配套的自动测量软件获得，这种由固定、一维固定、一维调整、二维可调模式得到的有挡肩空间曲面轨道板精度高，自带工程所需的线路参数，能够满足后期需求，可以直接投入使用。在施工过程中，不同部分协同作业，为达到一致的刚度，通过承轨台的配合，在曲线地段调整轨向以达到降低扣件刚度的目的。

综上所述，Ⅲ型板由于其特殊的制造技术，与国外引进的Ⅰ型板和Ⅱ型板相比，具有投资相对较少、工艺相对简单、方便后期无砟轨道施工等突出优势。

Ⅲ型板可用于路基、隧道、桥梁等工程，这类工程常为单元结构，这种分块式结构的板间是相互独立的，Ⅲ型板的整体结构以有限位凹槽的底座（材料为混凝土）为根基，上设隔离层，隔离层之上就是含钢筋网片的自密实混凝土制成的填充层，而后就是预制轨道板、弹性扣件，最上层铺设钢轨。

Ⅲ型板在使用过程中通常分为主型板和异型板。由于异型板的设置需要对制板浇筑钢模进行特殊处理，不同的异型板有各异的调整数据。因此，在一条线路的布板设计过程中，通常需要以主型板为主并且尽可能少设计异型板。为了确保桥梁上不设异形板，在布板设计中首先需要根据常见简支梁布置方案来确定主型板的参数。而为了减少轨道板的开模数量和节约建设投资，布板设计的主型板长度种类需要尽可能少。路基、隧道部分则以主型板为主，需要提前确认好整个线路的主型板与板缝的数量和大小，以此为参照进行布板设计，但在施工过程中避免不了需要一些异形板，这些异形板主要是特殊板、补偿板、道岔板以及小曲线半径板，其中除道岔板需要根据线路设计情况单独设计外，其他都与标准版相似，这些特殊板一般有特殊需求，如线路长度需要调整或补偿、道岔过度时，才会进行设计。

5.1.2 CRTS Ⅲ 型板式无砟轨道定位的布板设计

Ⅲ型板的顺利铺设需要事先经过多项设计与施工工序，在具备了上述Ⅲ型板的基本结构信息后，需要了解的是Ⅲ型板的布板设计工作，该工作的目的是根据待铺轨线路全线的设计情况，将每块轨道板按照一定的规则并且在满足相应规范的情况下，均匀地设计安置在线路上的对应里程处，并保证线路的高平顺性。在上述内业设计完成之后，才可以进行施工现场的轨道板定位。因此，在布板设计这一过程中，需要将后续布板调整、施工定位需要使用到的设计文件资料全部给出，这些资料应该包括待铺板线路的布板位置结果、定位点的参考设计坐标和线路线形设计文件。

（1）布板设计原则。Ⅲ型板为单元式结构，布板设计中确定配板方案时的最基本原则是常见简支梁不设异型板，以此原则来确定出主要板型的结构尺寸，并以此作为整条线路轨道板布置的主型板。在一条线路进行布板设计时，首先需要根据简支梁的情况确定主型板的尺寸，然后根据主型板设计情况，配板设计桥梁段，而对异形板需求较少的路基、隧道部分，非必要的情况下只需根据数量需求和板缝大小布板设计整条线路的主型板即可。轨道板的空间走向有具体的要求，必须要保证高平顺性，因此在布板设计时要注意位置的匹配度，主要就是对轨道板浇筑模具位置的调整，使其能够与承轨台匹配。

根据Ⅲ型板的技术特点与铺设需求，布板设计主要由三部分组成：作为布板调整基准的布板计算，是针对整条线路进行里程和轨道板数量的确定；用于控制轨道板钢模调整情况的承轨台调整量计算，这项主要是针对板厂；由于轨道板在进行铺设前还需要根据结构物的实际施工情况来进行布板位置调整，因此轨道板定位点三维设计坐标的计算结果用来作为轨道板现场铺设的位置参考，这三个部分是成功进行轨道板制造及其高精度铺设的必要保证。

1）布板计算。Ⅲ型板在板厂进行预制前，首先需要进行轨道板的板型设计及沿线路的分布计算。这项工作需要根据线路的设计参数、待铺设线路的线下结构等资料来设计需要铺设在沿线上轨道板的类型、编号、轨道板间的板缝值和板缝中心里程（或轨道板的前后端中心里程）。

在Ⅲ型板的布板中，常见的简支梁是不能设置异形板的，这一原则主要是因为Ⅲ型板的单元式结构，简支梁段根据梁跨长度来设计固定的布板方案，主型板轨道长度和板缝宽度由此得以确定；路基和隧道的布板方案设计主要通过主型板数量和板缝宽度来确定，在有特殊长度需求时可以适当设计异形板；特别的，由于轨道板的铺设允许一定程度的桥梁悬出量，但不允许出现跨梁铺设，因此连续梁段也需要用路基和隧道段相似的方法来单独设计布板方案。

设计人员在进行布板设计时根据主型板确定布板原则、板缝和扣件间距要求以及轨道板制造、运输条件，可灵活确定简支梁的配板方案。布板计算时，确定了简支梁配板方案后，便完成了线路中常见梁型的布板计算，同时也确定了线路其他结构上布板计算的主型板尺寸、标准板缝及板缝调整量范围。

在轨道板长度、标准板缝和简支梁配板方案已经确定的情况下，还需要遵循一系列复杂的原则来进行线路上其他路段的布板计算，由于本书后续研究内容是在已有布板计算的结果上进行的，并不涉及这些配板原则，因此此处不再进行深入研究。

2）承轨台调整量。为了满足轨道板空间走向的高平顺性，Ⅲ型板在板厂生产时需要按照设计尺寸加工出每个承轨台在对应线路中的相对位置关系，轨道板浇筑模具是可调节的，因而可以通过调节轨道板浇筑模具实现承轨台位置的调节，在施工中要先确定每块轨道板应在的位置，然后以标准承轨台为基准计算每个承轨台与之的调整量，即竖向与横向的调高和调偏，从而使得所有的轨道板铺设在设计位置之后能自动构成线路的空间走向。

Ⅲ型板通过如下的预制技术来实现空间曲线的变化：Ⅲ型板生产采用的钢模上，滑床结构分布在每一个承轨台，保证承轨台四个方位的移动及精度；曲线地段需要格外注意，这部分路段的轨道板编号和设计数据需要确认，在进行轨道板生产前，需要测量钢模承轨台套管上放置的棱镜，以获取测量数据，将测量数据与设计数据对比，偏差部分通过精密丝杆的调节达到无级调节；而后再次进行测量，直至位置无偏差，操作锁死，再进行混凝土浇筑，从而生产出对应编号的轨道板。

3）定位点三维设计坐标计算。轨道板定位点的三维设计坐标指线路工程的坐标系下各定位点的坐标，它是轨道板铺设需要参考的重要数据，Ⅲ型板布板的三维设计坐标主要根据线路参数和轨道板尺寸计算获得。轨道板在铺设之前，需要根据各桥梁段竣工后的实际长度和里程，对相应桥梁段的设计轨道板位置进行调整，并重新计算各个定位点在线路工程独立坐标系下的三维设计坐标。

（2）布板设计成果。Ⅲ型板的施工布板设计是一项复杂而且包含内容非常多的生产过程，其成果首先需要包含能够指导板厂进行制板调模的基础数据，同时也需要为施工现场轨道板的定位提供设计成果文件。施工布板设计的成果可简要归纳为以下内容。

1）全线轨道板的配板方案。配板方案结果明确地表达了施工布板设计后，全线每一块轨道板分布的位置。在实际工程中，该结果通常被简称为"布板文件"，包括轨道板的板号、板型、板前和板后对应的设计里程（包括施工里程和连续里程），以及每块板之间的板缝大小。

2）轨道板模具开模量。模具开模量成果指每块轨道板对应的浇筑钢模相对于标准钢模的调整量数据。

3）轨道板定位点三维设计坐标。轨道板定位点三维设计坐标成果包含了每块轨道板在线路工程独立坐标系下定位点的三维设计坐标，由于桥梁段的轨道板在进行铺设之前还需要进行布板调整，因此本项结果是一个参考值。在不同的研究单位中，对该项成果的要求各不相同，部分设计单位计算了与轨道板定位相关的所有定位点的三维设计坐标，部分单位仅仅给出轨道板上的各个承轨台上螺栓孔里程处基准点对应的三维设计坐标。对于路基和隧道段，由于不需要进行施工现场的布板调整，因此需要给出轨道板定位点在线路工程独立坐标系下具体的三维设计坐标，这些点包括轨道板的板角点和底座板、支撑层边模点。

5.2 CRTSⅢ型板式无砟轨道精调技术

Ⅲ型板的精调作业是CRTSⅢ型无砟轨道系统建设的重要环节，如何正确地指导Ⅲ型板的精调是研究的重要内容。根据已探索的作业模式，Ⅲ型板精调的测量方式为单向后退测量，并且每次自由设站点与待精调轨道板间的测量距离需要控制在5至30 m。在一测站内，从距离设站点最远端的轨道板开始，由远到近依次调板。一站内，采用架5调4模式，即测量机器人架设在第五块轨道板末位，一次设站精调前方4块轨道板。在精调测量时，精调标架安放在待精调的Ⅲ型板首、尾端第二对承轨台上，并调整棱镜对准测量机器人，然后根据测量机器人自由设站的测量结果和安放精调标架的承轨台上螺栓孔中心里程处承轨台断面基准点M的三维设计坐标来控制测量机器人自动旋转至待测量棱镜处进行测量，最后根据实测棱镜中心三维坐标计算轨道板调整量。

目前施工单位进行Ⅲ型板精调测量流程如下。

（1）精调标架的安放：两块精调标架分别安装在精调轨道板两端的第二对承轨台上，其中第一对放置在靠近设站点的位置。测量机器人设站在精调前进方向上，位于距待精调第五块轨道板的末端。

（2）测量机器人自由设站测量：选择好大致设站位置后，在附近选择3~4对CPⅢ点进行自由设站测量，并计算出测量机器人此时的站心坐标和定向角参数及其精度。

（3）测量精调标架上的棱镜并计算调整量：测量机器人设站完成后，按1—3—4—2号点位顺序自动大致瞄准轨道板上的4个精调标架上棱镜位置并且控制测量机器人测量、记录棱镜中心三维坐标，然后自动计算出调整量数据并指导现场工人调整轨道板位置。

（4）精调结果检核：完成一块轨道板的精调后，检查各项限差是否符合精调要求，若满足要求则保存精调结果，若存在超限，则继续进行调整，直至结果合格再保存精调结果。

（5）推进精调轨道板：重复第四个流程，继续精调接下来的轨道板，从测站测量轨道板至第四或第五块后，根据精调好的轨道板对之后的轨道板进行搭接即可。

（6）继续精调测量：换站搭接完毕后，重复（1）～（5），继续进行待调轨道板的精调。

由上述施工单位的轨道板精调步骤可知，Ⅲ型板精调能够顺利进行，需要有设计合理的精调标架、测量机器人二次开发技术和正确的调整量计算方法。

5.2.1 CRTSⅢ型板式无砟轨道精调的标架设计

根据Ⅲ型板的结构设计专用的精调标架，是保证Ⅲ型板精调作业顺利进行的重要组成部分。Ⅲ型板精调时，将Ⅲ型板上无法用测量仪器观测的点，通过已标定合格的精调标架上的棱镜来将Ⅲ型板承轨台尺寸与钢轨空间位置相关联。这种特制精调标架需要根据Ⅲ型板的承轨台和钢轨尺寸来进行设计，以承轨台上的部分结构和特征点为基准，通过精调标架的设计，将承轨台特征点的尺寸传递到精调标架的棱镜中心，从而保证精调标架安放在承轨台上并契合承轨台的部分结构和特征点，使精调标架安放好了以后，精调标架上的棱镜中心能够模拟钢轨顶中心点位置。

1.精调标架的设计原则分析

Ⅲ型板精调标架的设计需要满足在轨道板精调时，将精调标架安放在承轨台上，反映出该承轨台断面上钢轨顶中心点的位置。因此，合格的精调标架通常由两个部分构成：第一部分是底座部分，这部分需要根据Ⅲ型板承轨台的结构，设计与之吻合的标架底座结构；第二部分是连接杆部分，这部分结构下端需要与精调标架底座相连，上端安装专用的棱镜，并确保精调标架安放在承轨台上并安装好棱镜后，底座、连接杆结构的设计参数和棱镜尺寸能保证棱镜中心为钢轨顶中心点。针对精调标架这两个结构的特点，结合Ⅲ型板的设计尺寸和精调标架的使用需求，设计精调标架需要满足如下三项关键点。

（1）底座部分设计涉及的Ⅲ型板承轨台特征点及其尺寸。Ⅲ型板承轨台上有多个可用于精确定位的关键结构点。

（2）连接杆部分高度设计。承轨台断面的基准点M为线路设计的钢轨顶中心点，连接杆部分的高度设计需要保证精调标架下沿紧贴承轨面时，在精调标架上安放好专用棱镜后的棱镜中心到承轨面高度为210 mm，具体的设计高度需要根据设计单位配套的棱镜杆组件和棱镜的尺寸决定。

（3）设计规格与材料特性。在进行Ⅲ型板精调作业时，通常需要使用4个精调标架，并且测量人员需要频繁徒步至待精调轨道板处。轨道板精调是一项需要极大精度的工作，因此对精调标架的加工精度要求不低，精调作业是轨道工程必不可少的一项工作，因此精调标架需要足够的耐磨度及刚性，才能满足轨道工程的需求。根据上述特点，已有的精调标架通常在底座部分的设计各不相同，常见的方式有以螺栓孔中心或者大、小钳口相关尺寸为参考，连接杆部分都与（2）中设计原则一致。

2.精调标架的设计与实现

根据Ⅲ型板精调标架设计需要具备的相关特性，对Ⅲ型板的承轨台结构进行了分析，设计了一种轻便简易的精调标架。定义该精调标架安放于承轨台上时，视线沿轨道板前进方向为正视，视线垂直于轨道板前进方向为侧视，视线从上至下和从下至上分别为俯视和仰视。该精调标架的各项细节描述如下。

（1）小钳口匹配。Ⅲ型板的承轨台有多个可以用于精确定位的特征点，如大钳口、小钳口和螺栓孔中心等。根据Ⅲ型板的承轨台结构易知，大钳口距离承轨面距离过大；根据设计院给出Ⅲ型板设计图，在螺栓孔中心确定的情况下，Ⅲ型板浇筑成品的螺栓孔大小没有承轨台上其他结构精确。因此，在Ⅲ型板承轨台的特征点中，小钳口特征点最适合用作设计精调标架的基准。因此，承轨台断面中，采用小钳口分布表的数据作为精调标架设计的基础。

为了确保精调标架的底座能准确地与承轨台小钳口吻合，设计了底座部分的球形支架与小钳口设计尺寸吻合、底座的下边角点与小钳口特征点吻合，当该精调标架顺利安放在承轨台上并且底座平放在承轨台上时，球形支架能顺利嵌入小钳口并且底座两侧的下边角点刚好紧贴小钳口特征点。

（2）标架稳定性。根据设计院的经验，为确保精调标架安放在承轨台上时有很强的稳定性，需要精调标架底座与承轨台有至少3个接触区域。因此，作者设计该精调标架的底座与承轨台共有4个接触区域。

（3）棱镜中心和钢轨顶中心的匹配。精调标架最关键的设计原则是当精调标架安放在承轨台并且在连接杆上安装专用的棱镜后，精密棱镜的中心位置正好与钢轨顶中心点重合。因此本精调标架在设计时，根据在承轨台断面下的小钳口特征点分布数据，将承轨台基准点M作为棱镜中心点，从而得到棱镜中心的设计高度，然后根据底座厚度和连接杆顶部距离专用棱镜中心的距离，设计出连接杆的高度。

（4）可拆卸结构。为保证运输方便与工作效率，精调标架需要尽可能轻便与便携。因此将本精调标架设计成可拆卸的结构，具体的构成为：为保证底座的稳定和空间位置的高精度传递，底座和底座连接杆为一个整体结构，不可拆卸；球形支架与底座通过半径小于球形支架的螺丝连接，从而实现球形支架可拆卸；棱镜连接杆与底座连接杆通过螺丝连接并使用半径大于棱镜连接杆的六棱柱将两个结构进行分割，从而保证在安装拆卸过程中实际高度与设计高度一致。

（5）使用方式。由于Ⅲ型板的设计与施工等因素，使得Ⅲ型板精调时的纵向允许误差较大，因此精调标架的纵向安放精度要求较低。部分设计院的精调标架仅需大致安放在承轨台中心位置即可。因此，本精调标架的使用方式为将精调标架平放至待测量的承轨台螺栓孔中心的位置上，可通过精调标架底座间的空白处人工瞄准并控制精调标架大致位于承轨台螺栓孔中心位置。

在精调标架与承轨台的一个接触区域内，同时有底座下边角点和球形支架与承轨台设计尺寸吻合。由于球形支架的可拆卸特点，在安放精调标架时，可同时使用底座下边角点和球形支架分别与承轨台小钳口特征点和小钳口契合；若存在施工杂物污染小钳口等情况，也可将球形支架拆下，仅使用底座下边角点与小钳口特征点契合。

（6）设计特点。由本精调标架设计内容可知，与市面上已有的精调标架相比，本精调标架的"工"形外形自带可单手抓握特性，省去了安装把手的部分，并且在保证4个接触区域的情况下，使用的材料也相对较少，从而使精调标架的重量相对更轻；由于本精调标架的可拆卸设计，在运输过程中可将球形支架和连接杆取下运输，从而很大程度地减少运输过程中的空间占用和磨耗。所以本精调标架在保证了基本的使用功能外，还兼具了轻便易携带的优点。

3.精调标架的标定与精密标定台

作为测量装置，精调标架的工作原理是检测标架实际尺寸，与设计数据进行比较获取差值，这项工作需要在精密的标定台上完成，包括对精调标架的相对和绝对位置偏差的测量。精调标架是通过模拟钢轨顶中心来实现的，因此要保证与钢轨安装到轨道板的情况一致，各项空间几何关系不能出现偏差。精调标架在承轨台与棱镜中心起着过渡作用，绝对位置偏差指安装好棱镜的精调标架放置在精密标定台指定位置上后，棱镜中心与精密标定台的设计棱镜中心的偏差；相对位置偏差指将多个安装好的棱镜的精调标架安放在精密标定台或标准轨道板上同一位置时，棱镜中心的空间位置互差。根据不同设计院的要求，这两项偏差通常需要控制在0.5 mm和0.4 mm以内。

精调标架精密标定台由一对CRTSⅢ型承轨台、铸铁基准平台、调平固定基座和水泥底座及其他量具附件组成，需要严格按照CRTSⅢ型无砟轨道板结构设计图进行加工和安装。特别地，在精密标定台的CRTSⅢ型承轨台上需要设计特殊的标记或卡扣以便控制不同类型的精调标架能安放在同一位置。检测时，将精调标架平稳安放于标定台上CRTSⅢ型承轨台的固定位置，从而对精密棱镜中心位置进行测量和检测。

精密标定台是一种高精度的计量检定设备，需要建立在稳固的基底上，不易受外界影响而发生沉降，确保其可靠、正常地使用。标定台的建设基底设计分5层填压、夯实，从下到上依次为灰土垫层、中粗砂垫层、碴垫层、钢筋碴基础和后设备基础，以此提高放置基底的承载力，从而达到减震、稳定的目的。精密标定台铸造材料与生产加工工艺均较为复杂并且生产好的标定台还需要经过一系列复杂的检核工作，这涉及材料、机械等相关专业的协同作业。

目前国内较为成熟的精调标架标定方法主要是全站仪法，全站仪标定精调标架的原理是测量安放在标定台上特定位置的精调标架上棱镜的中心三维坐标，通过与精密标定台上对应位置的设计三维坐标对比，判断出待检精调标架的生产加工精度。在对精调标架进行标定时，需要将同时用于Ⅲ型板精调的4个精调标架分别正、倒置安放在标定台上同一位置，并测量出棱镜中心三维坐标与标准值的差值和各个精调标架间的差值，要求棱镜中心测量三维坐标与设计三维坐标偏差小于0.5 mm，各个精调标架棱镜中心测量三维坐标间的互差小于0.4 mm。

5.2.2 测量机器人轨道板精调数据采集软件功能

现场在进行Ⅲ型板精调时，首先需要使用测量机器人进行自由设站测量，然后根据自由设站结果和待精调轨道板上首、尾端第二对承轨台上螺栓孔中心里程处对应的承轨台断面基准点M的设计三维坐标，采集软件控制测量机器人自动旋转并瞄准待测量棱镜中心的大致位置。因此，Ⅲ型板的精调需要利用测量机器人二次开发技术，针对其独特的测量方法开发专用的测量程序。

现代测量机器人的二次开发，通常使用掌上电脑（personal digital assistant，简称PDA）来搭载测量机器人的二次开发程序，从而实现Ⅲ型板精调时的自由设站测量、自动照准目标、现场计算调整量等一系列重要功能。PDA是一种手持的小型电子设备，具有体积小、可靠性高、功能强大、价格便宜、操作简单、适合随身携带及供电时间长等多种实用的优点。PDA使用MicrosoftWindowsCE操作系统，因此用户在PC端Windows的32位操作系统环境下编写的程序可十分便捷地移植到PDA中。这些特点使得PDA成为外业自动化测量与数据处理的首选设备之一。与传统的放样相比，通过PDA控制测量机器人进行Ⅲ型板精调测量能省略人工瞄准目标和记录数据的步骤，实现Ⅲ型板精调数据的实时处理，从而提高了Ⅲ型板精调测量的效率。下面将介绍在WindowsCE操作系统环境下，使用.NET框架上的VisualC#开发语言来对Leica测量机器人进行Ⅲ型板精调，采集软件功能的开发情况。

Leica测量机器人的二次开发是通过两种外部控制接口实现的，分别是测量串行接口（geo erialnterface，GSI）和测量串行通信接口（GeoCOM）。其中GeoCOM接口是比GSI接口更详细的高级外部串行控制形式，是目前市面常见的高级测量机器人外部控制接口，因此Ⅲ型板精调数据采集软件的开发需要采用GeoCOM接口来进行。

GeoCOM接口技术是一种应用开发接口，是基于美国SUN微系统公司的远程过程调用协议而建立的点对点通信协议条例。这种通信协议的工作模式是用户的应用程序向测量机器人发送一条请求指令，测量机器人对此指令进行应答并返馈结果给用户。所以，外部控制测量机器人自动测量的实质是应用程序和测量机器人之间持续的通信过程。

GeoCOM的接口协议包括底层ASCⅡ线路通信协议和高级的函数协议。其中，ASCⅡ线路通信协议方式较为灵活，适应于各种编程语言，并且在实际应用过程中运行速度较高，级函数协议方式更快。因此，Ⅲ型板精调数据采集软件的开发更适合使用ASCⅡ线路通信协议。ASCⅡ协议通过请求和应答两种格式来完成线路通信，使用ASCⅡ协议进行编程开发的关键是根据请求指令和应答指令的语法格式，在其中加入指定功能的代码或编码，来实现开发者需要的功能。

针对Ⅲ型板精调数据采集过程的特性，作者参与研发了一种适用于多种施工放样的自动放样测量系统ALS（automatic lofting system）。在该软件具备的多种功能中，使用PDA外部控制测量机器人进行三维自由设站和自动旋转瞄准放样目标的功能可在Ⅲ型板的精调测量过程中使用。ALS软件适用于Ⅲ型板精调测量的4个功能模块的简介如下。

（1）系统参数设置。该模块首先需要设置PDA的串口通信参数，需要与测量机器人保持一致的端口名、校验位、停止位、波特率及数据位等；然后设置或者读取测量机器人目前的气象参数和测距模式；最后选择设站模式。其中，用于Ⅲ型板精调时，需要选择三维自由设站的设站模式。

（2）数据导入设计。该模块可在PDA内存中导入已知点和放样点设计坐标信息或者手动增加设计坐标信息。其中，用于Ⅲ型板精调时，已知点信息为线路的CPⅢ点点号及其三维坐标；由于粗铺定位点中的承轨台断面基准点M与对应承轨台上放置的精调标架棱镜中心位置相差很小，且在测量机器人自动搜索的目标范围内，因此放样点设计坐标信息

58

为待精调轨道板上首、尾端第二对承轨台螺栓孔中心里程对应的承轨台基准点*M*的三维设计坐标。

（3）仪器设站。根据Ⅲ型板精调时自由设站测量的要求，三维自由设站测量模式下需要先对选好的3~4对后视CPⅢ点进行学习测量，然后再进行自动观测，并计算出自由设站点的三维坐标、定向角参数和精度。

（4）放样测量。测量机器人设站完成后，可通过选择放样点来使软件控制测量机器人望远镜自动旋转到该放样点设计位置的方向。该功能运用到Ⅲ型板精调时，软件中的放样点为精调标架上的棱镜中心点，并需要按Ⅲ型板精调测量顺序，依次选择对应的精调测量点进行测量或自动依次观测各个精调测量点并记录三维坐标观测值。特别的，ALS软件不具备轨道板纵、横、竖向调整量计算的功能。

5.3 CRTSⅢ型板式无砟轨道板精调

5.3.1 全站仪自由设站

全站仪架设时，位置尽量靠近轨道板中心线位置。全站仪自由设站即常用的后方交会法，设站时采用多余观测法，后视不少于4对已知点，提高测设精度。设站时，剔除不合格点，保证设站点数不少于6个，建站精度为0.7 mm。自由设站观测图如图5-1所示。

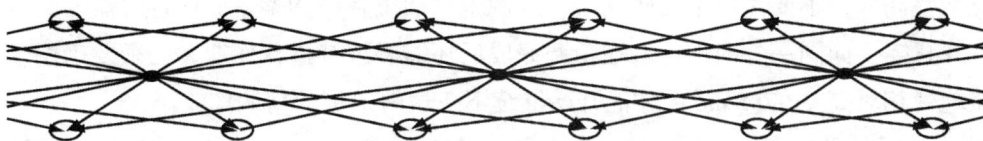

图5-1 CRTS Ⅲ型轨道板精调自由设站图

5.3.2 精调标架校正

轨道板精调的精度必须要得到保证，因此在使用前，必须对相关设备和数据进行核对校验，首先是标架四个角的平整度，然后确保录入的常数无误，为确保精调工作的准确性，标准标架要先进行试标定，标定非标准标架，获取改正常数。

例如对1号、2号、3号标架进行标定，要在作业组精调前进行，需要将这三个标架和标准标架依次放入同一个承轨台，以获取三维坐标数据并进行记录，这一步，精调软件的标定功能即可完成，而后对得出的标架数据与标准标架的差值进行计算，代入数学模型借助轨道板精调软件进行修正，这一步在精调作业时可同步完成，校验目的至此完成。

5.3.3 轨道板精调

（1）标架与仪器位置。在精调前需要将标架置于相应的位置，如图5-2所示，1号~6号标架分为三组，1号、6号和2号、5号两组分别置于待调轨道的两端向内第二个承轨台，放入扣件预埋套管内，3号、4号为一组，放置在已调好的轨道板第二个承轨台。在测量的全过程中，1号标架需要保持在距离全站仪不小于6 m不大于40 m的范围内，如果不在此范围内，则需要重新设站。

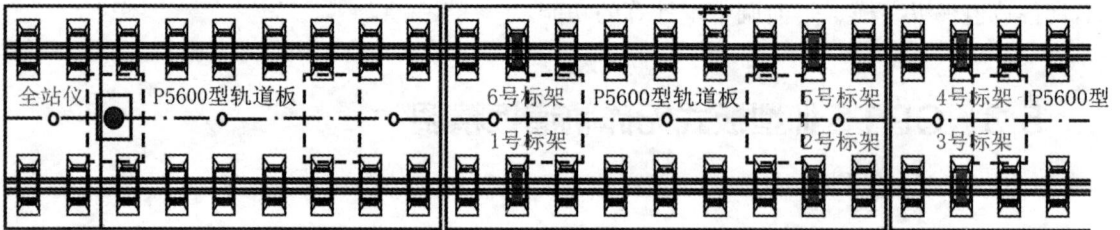

图5-2　全站仪与精调标架布设位置示意图

（2）测量、精调。设站完成，需要对高程和平面位置进行调整，待调轨道板的每个有标架的精调支座都需要配备操作人员，即图5-2中1号、2号、5号、6号标架处，操作员在作业时可根据精调技术员的指令或书面数据进行轨道板的调整作业，调整过程中需要注意，先调整高程，不要让单个支座受力，后调整平面位置，调整平面位置时需要两侧同时进行，并且需要向同一方向进行。在精调完成后还需要继续进行作业，必须要确保承轨台顶面接缝处相对高差在0.5 mm内才能开始继续下一块轨道板的精调作业。

（3）控制过程。在整个精调过程中，要时时对已精调的轨道板进行复核，用水平靠尺对板端高差进行测量，确保差值不大于1.0 mm。精调进行到测量段合拢的步骤时，要兼顾搭接作业，保证线形平顺。顺利完成搭接并测量误差符合标准后，要对测量数据进行记录。

（4）锁定、复核轨道板。精调后的轨道板需要进行锁定，即安装压紧，之后进行复核工作。

5.4　CRTSⅢ型板式无砟轨道板复测

（1）复测。复测是在完成轨道板精调而未灌注时要进行的工作，在温差大于15 ℃或时间超过24 h仍未灌注自密实混凝土的情况下，精调结果可能会产生变化，另外如果受到外力干扰也会造成精调结果产生变化，因此在上述情况下需要对轨道板位置的精度进行复测。

（2）灌注后复测。完成轨道板灌注后，也需要进行复测，主要是为了了解灌注后轨道板的几何状态。灌注后的复测视轨道板为一个整体，将标架触及端贴紧外钳口进行测量，按照由近到远再由远及近的U形路线测量，原则上每站测量40 m长度，约为5~6块板。复测时控制点和设站都遵循与精调一致的原则，对轨道板承轨台的检测数量也有一定的要求，一般会参考设计和建设单位的意见。

第6章　地铁轨道精调

6.1　地铁轨道施工简介

轨道施工测量工作的主要流程如图6-1所示。

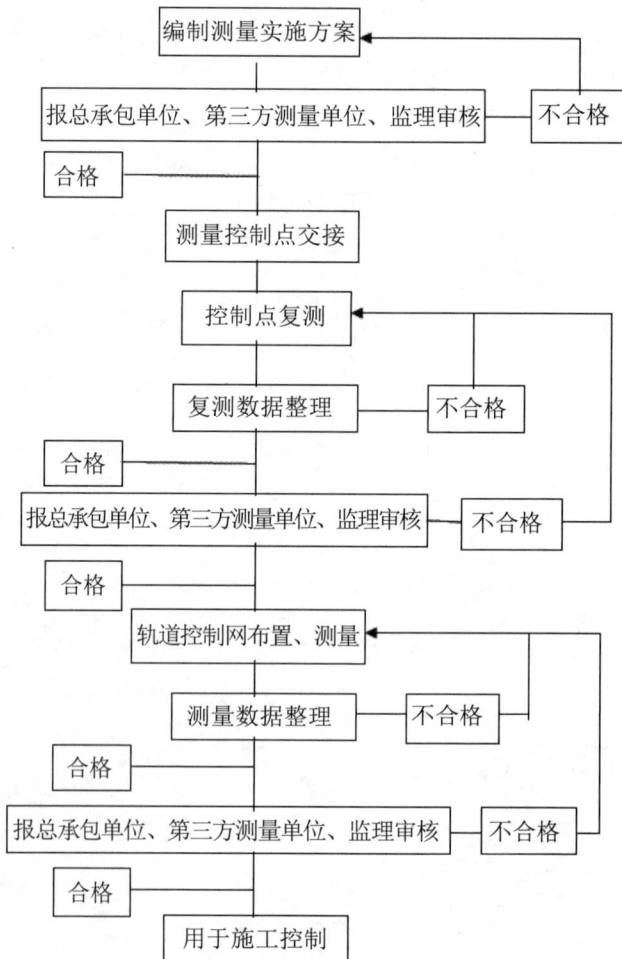

图6-1　轨道施工测量工作流程图

6.2　控制点复测

第三方测量单位在对控制点（平面控制点、高程控制点）进行全部的测量工作后，所得出的各项数据还需要重新组织测量人员进行仔细的复测，这一环节是为了进一步保证数据的精确性，避免出现由于数据的细微差错导致多次返工的问题。此外，在复测环节中，测试人员不会采用与第三方测量单位一样的方法进行数据收集，而是会运用精密导线和二等水准对水准基点和导线点进行复测，数据对比后，数值差异在规定的范围内则可不进行修改，如果差值有明显差异，则可要求第三方测量单位重新对数据进行修改。

6.2.1　复测前的准备工作

（1）熟练掌握多种测量方法以及相关的测量标准和规范，保证测量过程中的测量行为既准确又不违反规定，从而整体提升工作效率。

（2）熟悉各种测量设备和操作仪器，能够掌握定期对这些测量工具进行检验和校正的方法流程。

（3）对设计文件和交桩资料的细节有充分的了解，从而在对现场进行实地考察时，能够快速辨认出存在差异或丢失、移动的部分，进而针对这一情况进行二次测量和修复工作。

6.2.2　精密导线点复测

（1）外业观测。适用于这一测量方法的实际场景面积较大，控制点较多且复杂，从而通常会使用型号为"Leica TS60"的高精度智能全站仪（测量角度为0.15 mgon，（$1 \text{ gon} = \frac{\pi}{200} \text{rad}$）测角频率为500 Hz，测距精度为0.6 mm+ppm，测程可超过1 000 m）。在测量方法上，采用精密导线网对固定的平面控制点或加密控制点进行有效测量，对于控制点情况较复杂的测量场景，一般会选择使用方向观测法。

（2）数据处理。在导线测量观测过程中，要注意及时记录相关数据，在测量工作结束后，也要及时对已有的数据进行收集整理，并将其准确地录入数据库。随后，使用"SYADJ工程测量数据处理软件"对数据库内的数据进行严密的分析比对。所得出的平差结果需符合表6-1所呈现的具体要求。

表6-1　精密导线点或加密控制点测量主要技术要求

控制网	平均边长/m	闭合环或闭合导线总长度/km	每边测距中误差/mm	测距相对中误差	测角中误差/″	边长测回数	方位角闭合差/″	全长相对闭合差	相邻点的相对点位中误差/mm
平面加密点	350	3	±3	1/80 000	±2.5	往返测距各2测回	±5$\sqrt{n}$	1/35 000	±8

注：n为导线的角度个数，一般不超过12。

导线环（段）的测角中误差应按下式计算：

$$m_\beta = \sqrt{\frac{1}{N}\left(\frac{f_\beta^2}{n}\right)} \qquad (6-1)$$

式中：f_β——导线环（段）的角度闭合差（″）；

　　　n——导线环（段）的测角个数；

　　　N——导线环（段）的个数。

注：m_β 为仪器标称精度。

6.2.3　水准基点复测

（1）外业观测。外业观测采用"天宝DINI03"电子水准仪（仪器标称精度：中误差＜0.3 mm/km）及一对条码铟瓦尺，整个观测过程中的行为操作和测量方法步骤要符合国家二等水准技术要求的相关具体规定。由于观测设备以及内置了存储空间，在观测工作结束后，要将储存卡的数据从设备中导出，并转化为便于查看和研究分析的电子手簿文件。i角作为重要的计算数据，在作业中和作业结束后的数据记录和检查工作中，i角的数值不能够超过15″。此外，由于轨道测量的特殊性，在设置水准尺时要通过安装配套的辅助支撑工具以保障在测量作业的过程中不会随意晃动，导致数值不准确，并且测量的地点要选择坚实且相对平缓的地方安装尺垫。

（2）数据收集整理。在进行水准测量外业观测的过程中，要重视每一项数据的记录环节和特殊数据的标记工作，在观测工作结束后，要对记录的数据重新进行收集整理，对数据进行分类处理，在使用"SYADJ工程测量数据处理软件"计算严密平差结果时，要注意将最终结果数据保留到0.1 mm，并满足表6-2内的要求。

表6-2　高程测量水准路线的精度要求（mm）

水准测量等级	每千米水准测量偶然中误差 M_Δ	每千米水准测量全中误差 M_W	限差			
			检测已测段高差之差	往返测不符值	附合路线或环线闭合差	左右路线高差不符值
二等	≤2.0	≤4.0	$\pm 8\sqrt{L}$	$\pm 8\sqrt{L}$	$\pm 8\sqrt{L}$	$\pm 6\sqrt{L}$

水准路线应按测段往返测高差不符值计算每千米水准测量偶然中误差M_Δ；当水准网的环数超过20个时，还应按环线闭合差计算M_w。M_Δ和M_w应符合表6-2的规定，否则应对较大闭合差的路线进行重测。

$$M_\Delta = \sqrt{\frac{1}{4n}\left(\frac{\Delta\Delta}{L}\right)} \quad (6-2)$$

$$M_W = \sqrt{\frac{1}{N}\left(\frac{WW}{L}\right)} \quad (6-3)$$

6.2.4　复测成果资料提交

控制点交桩复测完成后，应提交以下成果资料到施工监理单位、第三方测量单位复核、审批。

（1）平面控制点、高程控制点复测原始记录。

（2）平面控制点、高程控制点路线示意图。

（3）复测平差计算手簿。

（4）复测平差成果。

控制点复测成果经审核批准后用于轨道基础控制网的控制测量及约束平差。

6.3　任意设站铺轨控制网

6.3.1　任意设站铺轨控制网的布设

1.任意设站铺轨控制点测量组件

当前，由于任一地铁站都采用一致的车辆型号，从而所铺设的轨道型号也是一致的，因此在对铺轨控制点进行测量时均统一使用"单轴三维测量标准组件"作为测量设备，该套设备主要包括预埋件、平面测量杆、专用平面测量棱镜和高程测量杆四种承担不同功能的测量工具。

（1）预埋件。该设备一般会在控制网实施测量前就提前埋设好，从而连接和稳固平面测量杆和高程测量杆，以方便后续的一切测量过程。

（2）平面测量杆。该设备与预埋件连接后，可以灵活伸缩控制测量高度，还可以用来固定平面测量棱镜，进一步提升测量的灵活性和便捷性。

（3）专用平面测量棱镜。由于地铁轨道的建造特殊性，以及对于轨道安全性的高度重视，一般会使用精确度更高、反射面积更大的LeicaGPR121原装精密棱镜进行测量工作，通常会与平面测量杆配套使用，以让测量角度和高度更稳定。

（4）高程测量杆。使用时安装在预埋件中测量时使用。

任一地铁站的铺轨控制点都要统一设立一致的对中标志，而且在正式使用前要重新对所设标志进行检查。同时，对于标志的型号尺寸也设有统一标准，如果生产误差大于等于0.05 mm，那么就要进行返厂更换。此外，对标志棱镜组件的安装精度也做出了严格规定，各项数据应严格按照表6-3所呈现的标准进行组件安装。

表6-3　轨道控制点标志棱镜组件安装精度要求

轨道控制点标志	重复性安装误差/mm	互换性安装误差/mm
X	0.4	0.4
Y	0.4	0.4
H	0.2	0.2

2.任意设站铺轨控制点的布置

任意设站铺轨控制点进行铺设作业时，要严格按照设计文件的指示根据轨道线路成对铺设，在直线段轨道的控制点铺设间距要控制在 50 ~ 60 m，曲线段轨道的控制点铺设间距要控制在 30 ~ 40 m。在对此进行高程测量过程中，主要采用自由测站三角高程的测量方法，并且要每隔1 km的距离在对应的控制点下方高于轨面20 cm处再增加一个水准测量控制点。

同结构型式处轨道基础控制点的布设位置如下。

3.任意设站铺轨控制点预埋要求及方法

在对任意一地铁站的铺轨进行测量时，如何选择和预埋合适的控制点极为重要。第一，控制点要选择便于测量、地势相对平缓、地面相对坚实、不易沉降的地点；第二，选定的控制点需要能够承受25 mm直径钻头垂直钻孔的操作，孔深可以达到70 mm；第三，在对选定的控制点进行预埋设时，所有的操作和设备配件的放置都要保持水平，且预埋件的管口要略高于水泥地面；第四，待打入孔内的植筋胶凝固后，要对所有设施进行复检活动，标志必须稳固且无任何异物，最后要加盖防尘盖。

另外，每一个铺轨控制点的编号都要使用大号字体，清晰、明显地在侧墙或车站廊檐上进行标注，而且同一轨道内的所有控制点的标志高度都是一致的，例如S11C01，其中"S"代表上行线，"11"代表公里数，"C"代表任意设站控制点编号，"01"代表该里程范围内的第1号点。如图6-2所示。

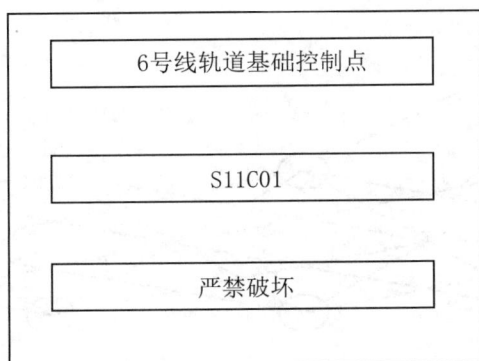

图6-2　严禁采用手写标识

6.3.2　任意设站铺轨控制网的测量

1.任意设站铺轨控制网平面测量

可使用智能全站仪对任意设站铺轨控制网进行平面测量，其中智能全站仪需具备带马达驱动、可自动校准和数据自动记录功能，型号为Leica（徕卡）系列"TS60"的使用注意事项是：①观测前，需要检测及校验全站仪及其棱镜；②观测中，确保智能全站仪在有效检定期内；③通过边长观测改正气象元素，包括气压、温度等，其中气压控制在±0.5 hPa，温度控制在±0.2 ℃。

（1）任意设站铺轨控制网平面测量外业观测。任意设站铺轨控制网的测量方法是自由测站边角交会，当已有的高等级线路控制点（精密导线点）符合控制网联测要求时，以固定数据作为平差标准，当已有的高等级线路控制点（精密导线点）在密度或位置上与联测要求不符时，需要对高等级线路控制点进行加密，可采用同精度内插方式。

（2）平面测量任意设站铺轨控制网使的技术要求。平面测量水平方向的观测方法为全圆方向观测法。

当外业观测的技术要求在水平方向和距离上都不符合要求时，需对外业观测值进行重新测量。

根据施工要求，可分段进行平面测量，通常区段应大于一个区间段，每个区间段需对6个以上的控制点进行重复观测，同时需封闭每个单独侧端的首尾两端，且区段接头需在车站范围之外。图6-3和图6-4为任意设站铺轨控制网测段首尾网型示意图和重叠测段衔接网型示意图。

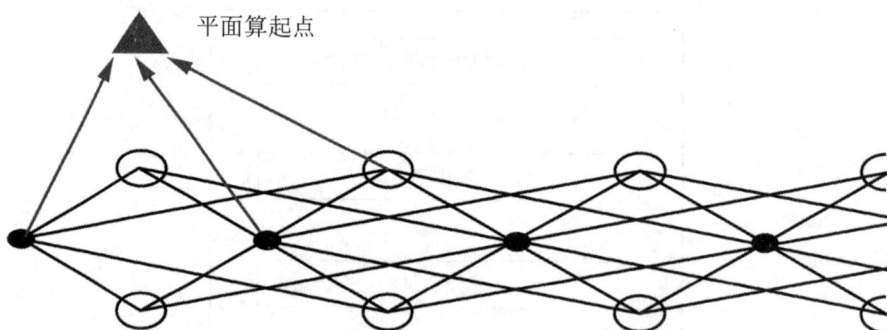

图6-3　任意设站铺轨控制网测段首尾网型示意图

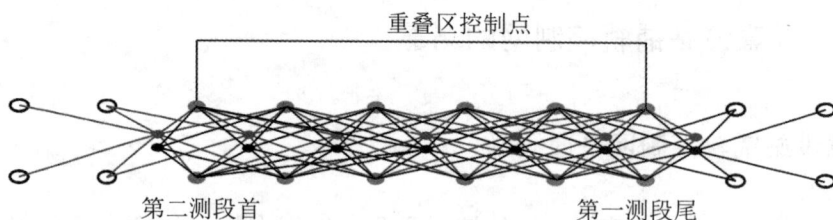

图6-4　任意设站铺轨控制网重叠测段衔接网型示意图

测量时使用自由测站边角交会法，数据采集软件需要与平差软件兼容，能够对数据进行自动记录，并且能够将数据进行质量核检之后再储存。现场测量时，外业记录要根据时间情况记录各测站的情况，然后按相同的表格格式进行数据填写，并装订存档。

（3）整理任意设站铺轨控制网平面测量数据。通常用"SYADJ"软件进行任意设站铺轨控制网平面网进行平差，同时进行外业观测轨道基础控制网数据并核检网平差计算精度。平面测量平差流程是先通过独立自由网进行平差，然后确定符合要求的平面起算点后，进行固定约束平差。

平差处理流程及相关要求如下。

（1）数据传输及预处理。在计算机内录入外业观测记录数据后，并进行整理，同时确保以下指标符合规范要求：半测回归零差、不同测回同一方向2C互差、同一方向归零后方向值较差等。

（2）对平面已知数据进行编辑。首先需要对本测段的平面已知数据进行编辑，其次将本测段的投影面高程、高程异常等数据标注出来，最后再进行平面数据处理。

（3）生成平差文件。生成平差文件的原则是三网合一，为确保这一原则，在软件提示是否进行两化改正时，全部选择进行两化改正，也就是说在进行平差计算时，会有两个平差文件产生，一个是两化改正后的平差数据，另一个是未进行修改的平差数据，后续将采用两化改正后的平差文件进行计算。

（4）检验闭合差。闭合差检测功能是轨道基础控制点专用的，就是检测不同测站测量的轨道基础控制点的兼容性，轨道基础控制点对环闭合环精度至少为1/35 000。

（5）输出观测手簿。这项工作在提交资料时可以不进行，仅在必须要检查数据的时候使用。

（6）平差参数目的设置。

（7）概略坐标的解算。

（8）校正自由网平差。首先应判断整网的尺度比是否正确，并判断联测已知点的兼容性，如不兼容则需进行外业复核，修正成果后才能使用。

（9）约束网平差。

2.任意设站铺轨控制网高程测量

进行任意设站铺轨控制网高程测量的全站仪型号为徕卡TS60。

（1）轨道基础控制网高程测量方法。测量方法为：将平面测量与自由测站三角高程测量方法融合，取平面测量的边角观测值。注意事项为：应随机抽取相邻的三个点，并取其高差值，当互差不超过3 mm时，应通过加权平均法核算距离，得出最终的高差值。

（2）外业测量方法及要求。

第一，需对所有车站地下布设的高程起算点进行轨道基础控制网联测。

第二，在进行高程测量时，如采用自由测站三角高程测量方法，在构网时需要以不同测站相邻点高差为标准，如图6-5所示。

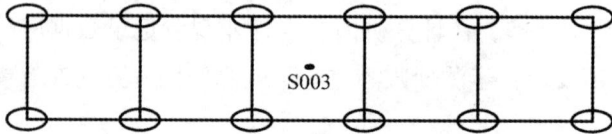

S003

图6-5　单个测站自由测站三角高程网示意图

进行三角高程网与水准控制点高程联测时距离应为1 000 m左右。棱镜架设在水准控制点上，固定高度不变，同时需要观测的任意测站至少为两个。

第四，分段进行高程测量，其区段长度最小为一个区间，并重复观测3对或3对以上的控制点。

（3）内业数据整理。

第一，检查数据。存储数据之前需检验观测数据的每项限差。若合格，则由计算者和核检者在整理好的数据上共同签名，然后储存归档；若不合格，则需要重新测量不合格测段。

第二，数据计算与网平差。测量轨道基础控制网高程数据时需要注意以下三点：①应统计附合路线闭合差和环闭合差；②需要统计并分析每千米高差的全中误差和偶然误差；③相邻控制点的水准闭合差应不超过1 mm。

高程测量需要进行严密平差，其起算数据为已有的调线调坡高程控制点，同时相邻控制点的高差误差应控制在±0.5 mm范围内。

第三，衔接各区段时，相邻区段独立平差重叠点高程差值应不超过±3 mm，符合要求后进行区段接边处理，采用的方法为余弦平滑方法。

3.任意设站铺轨控制网注意要点

（1）与现有的预埋件配套相同，高程测量杆和平面测量杆是最常用的。

（2）在预埋件中旋进测量杆，并使预埋件管口和测量杆突出的横截面紧密连接。安装过程中不得使用扳手、锤子等工具。

（3）测量完毕后，在预埋件上盖上防尘盖。

6.3.3 任意设站铺轨控制网的复测与维护

1.轨道基础控制网的复测

复测成果与原测成果的轨道基础控制点平面坐标差应控制在±3 mm以内，同时相邻点的坐标增量较差应控制在±2 mm以内。然后通过分析较差超限时、超限原因判断并对复测成果进行确定，然后更新超限控制点，更新方式为同精度内插方式。

2.轨道基础控制网的维护

由于施工途中容易破坏轨道基础控制点，所以需要对其进行保护和维护。使用轨道基础控制点时需将其与附近其他点进行核对校准，让轨道基础控制点成果更准确。当控制点遭到严重破坏或毁损时需要重新在原标志附近补设控制点。

（1）埋设补设轨道基础控制点。埋设位置为原标志附近，通过对原点好的第四位进行修改设置新的点好，比如，以"J"代表第一次补设的第四位，那么就用"K"表示第二次补设的第四位，后续补设以此类推。

（2）对补设轨道基础控制点进行外业测量和相关数据整理。在对被破坏的轨道基础控制点进行补测时，需要以同精度内插方式计算，并对4对以上的临近轨道基础控制点进行补测。然后在平差计算时，需要在两端分别选择一个稳定的轨道基础控制点，平差后原测成果与复测成果较差应控制在±3 mm以内，达到条件后，平面平差需要选定的稳定轨道基础控制点数量为6个或6个以上。进行约束平差时，高程平差需要选定的稳定轨道基础控制点数量为3个或3个以上。

6.4 铺轨施工测量

铺轨施工测量以轨道控制网（铺轨CPⅢ网）为基准，测量前应对轨道控制网（铺轨CPⅢ网）测量成果进行复测，确保数据的准确。

轨道施工调整分为轨道粗调及轨道精调两个步骤，轨道粗调以铺轨基标为基准，采用万能道尺、直角道尺进行轨道位置、几何状态的调整；轨道精调以轨道控制网（CPⅢ网）为基准，采用轨检小车进行轨道位置、几何状态的调整。

6.4.1　轨道施工质量标准

道床混凝土浇筑前轨道的几何状态名符合表6-4和表6-5的规定。

表6-4　无砟道床混凝土浇筑前轨排铺设允许偏差

项目	水平	轨向	高低	轨距	高程	中线
允许误差	±2 mm	±2 mm	±2 mm	-1 mm/2 mm	±5 mm	5 mm

表6-5　道岔道床混凝土浇筑前道岔精调允许偏差

项目	水平	轨向	高低	高程	中线
允许误差	±2 mm	±2 mm	±2 mm	±5 mm	5 mm

6.4.2　轨道粗调

轨排安装完成后，采用万能道尺、直角道尺以铺轨基标作为轨道粗调的依据进行轨道调整。粗调完成后，轨道的几何状态要满足表6-6要求。

表6-6　粗调后轨道几何状态要求

项目	方向	水平	高程	轨距
允许误差	±10 mm	±5 mm	±10 mm	-2 mm/+3 mm

6.4.3　地铁轨道精调

粗调作业完成后，依据轨道控制网（铺轨CPⅢ网），通过全站仪自由设站与SGJ-I-TEY-1轨道几何状态测量仪（轨检小车）的紧密配合，完成轨排精调工作。

其流程如图6-6所示。

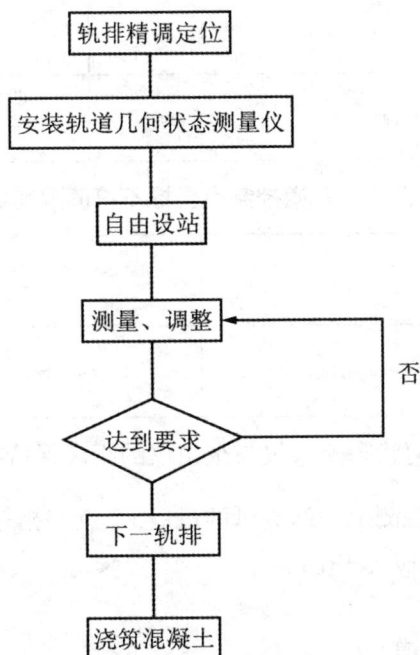

图6-6 轨排精调流程

（1）轨排精调作业主要分为以下步骤。

1）使用轨道几何状态测量仪进行测量，测量前需要在软件内建立线路项目，同时将线路参数（平曲线、竖曲线、超高及断链等）输入软件。

2）根据分析结果，对超限部位进行调整。及时对调整完成后的轨道复测并反复调整超限部位，直到合格为止。

3）轨道各项允许偏差满足"地下铁道工程施工及验收规范"后报监理批准。

4）经监理批准后浇筑混凝土道床。

（2）轨道安装测量中要遵循以下原则。

1）自由设站应至少有3对控制点，常规是4对。测量时在线路中线附近设全站仪，将其放在观测控制点中间。测站更换后，相邻测站之间需至少对1对轨道控制点进行重叠观测。

2）完成自由设站以后，需以表6-7和表6-8的要求为标准进行测站精度及轨道控制点的坐标取值，并提出超出限度的控制点，但是至少需要保留4个控制点用于每一测站的平差计算。

表6-7　测站精度要求

项目	X	Y	H	方向
中误差	$±≤1$ mm	$±≤1$ mm	$±≤1$ mm	$±≤2''$

表6-8　轨道控制点坐标不符值限差要求

项目	X	Y	H
轨道控制点	$≤2$ mm	$≤2$ mm	$≤2$ mm

3）每一测站中轨道几何状态测量仪与全站仪的距离保持在不宜大于70 m。

4）更换测站后，重复观测上一站测量的最后5个点。相邻测站的重复观测点较差不大于2mm，轨距及超高较差不应大于0.3 mm。

6.4.4　道岔安装测量

道岔安装测量过程与轨道安装测量方法、步骤基本相同。道岔安装施工测量还应符合以下要求。

（1）道岔两端与区间轨道衔接测量的调整距离不小于100 m。

（2）道岔精调时先进行道岔主线测量，再进行道岔侧线测量，遵循"保证直股，兼顾曲股"的原则。

（3）全站仪自由设站配合轨道几何状态测量仪进行道岔精调时，测站最大距离不大于70 m。

6.4.5　长轨精调测量

长轨精调测量在钢轨焊接、应力放散和轨温锁定之后进行，同样采用全站仪与轨道几何状态测量仪配合使用。静态采集钢轨的轨距、超高和绝对位置数据，计算测点的扣件调整量平顺性数据，进行超限部位扣件模拟调整。将轨道分析数据调整及扣件调整数据发往现场进行轨道精调。轨道精调完成后再次进行轨道几何状态数据采集，如图6-7所示。

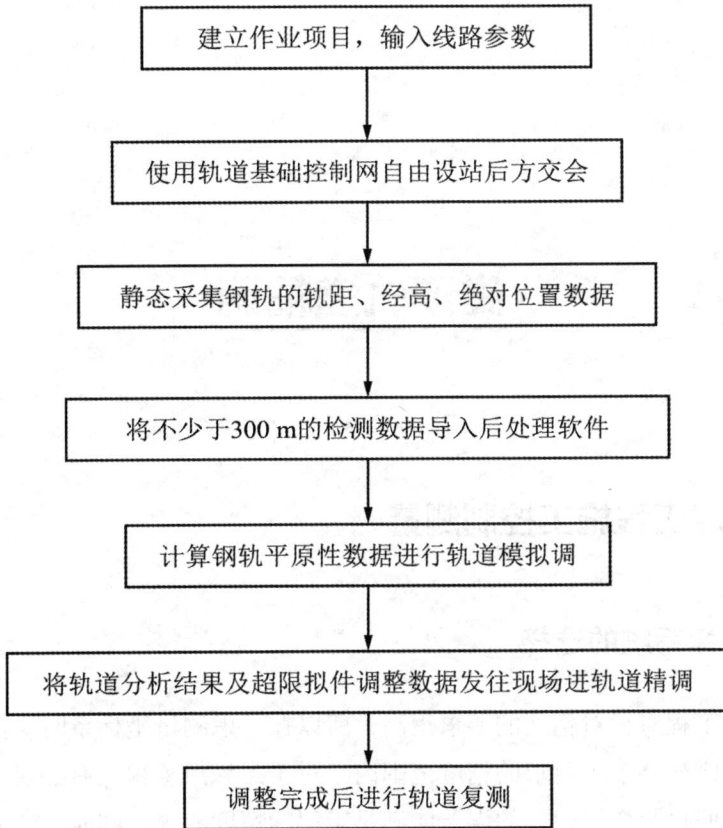

图6-7 长轨精调测量流程

6.5 竣工测量

　　轨道竣工测量在铺轨完成后进行自检。轨道竣工验收测量以轨道控制网（铺轨CPⅢ网）为基准，采用轨道几何状态测量仪进行测量。

第7章 磁浮轨道精调

7.1 磁浮工程施工控制测量

7.1.1 坐标系统的选择

由于磁悬浮工程对相对精度的要求很高，所以在考虑测量坐标系时，投影引起的长度变形必须限制在磁悬浮系统要求的精度范围内。对于磁悬浮工程，有必要考虑如何选择合理的投影系统，使投影变形引起的误差能满足工程的精度要求。同时，应采用适当的坐标系，使其更好地与城市坐标系和国家坐标系相统一。高程控制系统分析了基准点位置的选择原则，结合工程实际情况，结合工后沉降观测等测量工作，确定高程测量基准系统。

1.高斯正形投影产生的长度变化

当前，高斯正形投影已经应用在我国平面坐标系统中了，并且以高斯正形投影为基础建立了三角网，其中，导线网、边角组合网和测距边中的边长 D 归化到参考椭球面上的时候，它的长度会发生变化。如果我们把归化高程设作 H，把地球平均曲率半径设作 R，那么可以用等式将其关系表述为

$$\frac{\Delta D}{D} = \frac{H}{R} \tag{7-1}$$

即 $\Delta D/D$ 和高程 H 成正比。但在磁悬浮系统中，根据传统的分离方法，对平面和高程分别采用了平面系统和高程系统。投影面一般选择施工区的平均高程面，在高程变化不是很大（$\Delta H < 50\,\mathrm{m}$）的情况下，高程归化的影响将不予考虑。如果将椭球体边长 S 投影到高斯平面上，那么长度将会发生变化，会放长，假设它的放长变化是 ΔS，边长的两端点的横坐

标平均数是y_m，两个端点的差数记作Δy，那么有

$$\Delta S = S \left\{ \frac{y_m^2}{2R^2} + \frac{(\Delta y)^2}{24R^2} \right\} \tag{7-2}$$

其近似关系为

$$\frac{\Delta S}{S} = \frac{y_m^2}{2R^2} \tag{7-3}$$

当y_m为10～100 km时，高斯正形投影的距离改化的相对数值见表7-1。

表7-1　$\Delta S/S$与y_m的关系

y_m/km	10	20	25	30	50	100
$\Delta S/S$	1/8100 00	1/200 000	1/130 000	1/90 000	1/32 000	1/8 100

当高程归化不予考虑时，高斯正形投影产生的长度变化主要来源于参考椭球投影到高斯平面所造成的影响。

2.磁浮高速铁路平面坐标系统

当$y_m > 25$ km时，每100 m的长度变化将超过1 mm，相关规范中提出的投影变形值的限制范围规定，整个线路范围内的长度变化每百米不超过1 mm，因此，y_m应控制在25 km之内。如果磁悬浮的起点和端点均在其投影带中心的25 km范围内，可直接采用城市坐标系统作为磁悬浮工程的坐标系统。[①]

在大多数情况下，磁悬浮列车的起点和终点不会分布在投影区中心25 km范围内。长沙磁悬浮快车项目终点为黄华国际机场，现有长沙平面坐标系为独立坐标系，采用高斯-克鲁格投影，投影平面为上海市的平均高程平面，因为椭球体投影在高斯平面之后，产生的影响已经不在规定范围之内，所以，一定要建设磁悬浮高速铁路坐标系。

磁悬浮高速铁路坐标系是一种特殊的技术坐标系。它必须与国家或城市的坐标网建立一定的联系和转换关系，使设计得以具体实施。对于长沙磁悬浮高速列车项目，磁浮铁路的坐标系使用的是穿过磁浮项目线路中间的子午线，把它当作高斯投影的中心子午线，而且，使用平均高程平面作为投影平面，这一平面和上海本身的平面坐标系是吻合的。

之后，可以利用旋转，让平面的和长沙平面坐标系的X坐标轴实现平行，同样，Y坐

---

①王军.中低速磁浮复杂地段轨道施工方法研究[J].建筑技术，2020，51（4）：489-492.

标轴要实现重合。平移之后，依旧使用长沙平面坐标系中的坐标值作为原点坐标值。在经历相互转换之后，可以直接把长沙平面坐标系的设计坐标应用于磁悬浮高速铁路坐标系。

如果磁悬浮的起点和终点之间的横向距离在保证的投影线内，磁悬浮高速铁路的坐标系可以采用任意带的投影方式，其纵、横坐标可采用与城市坐标系一致的轴线，或以线路前进方向为 X 轴，垂直前进方向为 Y 轴。

当磁悬浮列车起点与终点的横向距离远大于最大投影区范围时，应建立多个磁悬浮高速铁路坐标系区段。一般来说，线路设计完成后，必须在地图上用图解法确定各磁浮铁路坐标系区段的位置，投影区中心位置的大地坐标必须根据国家平面直角坐标值确定。磁悬浮铁路坐标系区段的交接处必须包含足够的重叠部分。根据磁悬浮铁路坐标系分层网络布局原则，主要节点间距约3 km，每个重叠部分至少包含三个主要控制点（约6 km）。本标段建立的磁悬浮高速铁路坐标系，其纵坐标和横坐标由线路前进方向和垂直方向确定。磁悬浮铁路坐标系，为防止右坐标为负，每个中心子午线应提前预留50 000 m的距离。

3.磁悬浮高速铁路高程坐标系统

（1）高程系统的选择。对于磁悬浮高速铁路系统，应采用相同的高程系统。高程系统应通过联测（10 km至20 km范围内）与国家或城市基础测量的高程基准连接，以保持其与其他特殊设计的一致性，并便于原始基础设施数据的验收。如有必要，该计划可分几段实施。上海磁悬浮快车项目的高程系统采用上海城市高程系统采用的吴淞高程系统。

（2）选择高程基准点密度。对于磁悬浮高速铁路系统来讲，高程控制网相邻点高差中误差范围是−1 mm到1 mm之间，两个加密高程控制点之间的往返测不符值不应该超过 $\pm 3mm\sqrt{L(km)}$，需要通过计算得到水准路线的最大长度数值，以此保证精度可以达到要求。单一环线以及附合水准路线最弱的点在线路中间，应该按照各个等级水准测量得到的每千米高差测定的中误差对水准路线的长度 L 进行限制,以此达到最弱的点的精度维持在 ± 1 mm范围内的要求。

为了保证磁悬浮高速铁路高程系统的精度要求，应该在每8 km的地方建造一个高程基准点。但在上海市磁悬浮工程建设过程中，因现场情况等条件限制，并没有完全按要求实施，建议在今后的类似工程建设中加以应用。

7.1.2　首级GPS平面控制网的布设与观测

1.首级GPS控制网的布设

（1）首级GPS控制网布设的目的。线路工程施工时，一般采用分段施工的方法。因此，一般要求控制点距离施工现场较近，以便于试点或直接利用。在线路施工过程中，由于打桩、开挖、重型车辆运输等因素，施工不可避免的会影响施工区域附近控制点的稳定性。对于磁悬浮高速铁路来说，大部分是线性工程，控制网络也是线性分布的。如果对受施工影响的全线控制点进行检查和恢复，不仅工作量大，而且在测量误差的情况下，很难确定控制点是否发生了变化。考虑到上述因素，在此类工程中，平面控制网应采用两级布置的原则。

（2）点位密度。首级控制点之间的距离是3 km，长沙市磁悬浮快速列车施工路线长度是18 km，在施工时，需要首级GPS水平控制网达到一定的要求，比如，满足全线基础施工加密控制网的需要、支墩加密控制网的需要、盖梁加密控制网的需要，以及轨道梁精调加密控制网的需要等。所以，一般情况下，两个首级控制点要保持2 km到3 km的间距，整条线路点一共有17个，对应的点号是11～27。

（3）网形结构。通常会使用三角锁进行首级施工控制网的布置，但是施工地区的特点是狭窄、狭长，首级点连接成的三角形极大程度是扁长的，所以，为了让三角形的网形有更大的强度，要让所有的被选首级点的点位都可以均匀分布在路的两边，而且，相邻的两个首级点之间最好是通视的，如果条件有限制，那么也需要做到2/3以上的相邻点是可以达到通视的，只有这样，才能保证进行更高精度的测距，才能让网形结构变得更强。

（4）选择点位，埋没点位。成功布控首级网之后，通常会把首级控制点当作起算控制点进行使用，所以，需要保证首级控制点处于稳定状态。理论要求首级控制网应该在施工范围外面建设，以此保证建设不会受到打桩、开挖和运输的影响，除此之外，还要求控制点做到透视，所以，如果周围有竣工时间超过五年的建筑，那么可以利用这样的建筑，这样的建筑基础比较稳定，如果建设在地面的话，应该将标石基础一直设置到持力层，而且还要在基础部分浇灌混凝土。首级控制点强制要求使用强制归心观测标。上海市磁悬浮工程因为动迁、征地等原因，所以只能在道路设计中心线两旁25 cm的范围内进行首级控制点的设置。我们可以采取下面的措施，降低施工等因素导致的对控制点移位的影响。

第一，建立在地面的首级控制点应该使用深埋桩的形式，桩子埋在地下应该超过30 m，使用砼方桩，而且使用的是磁悬浮维修专用道路过河造桥打桩时使用的桩，深度也一样。桩子应该以垂直的角度打进去，在地面上，应该留出30~40 cm的高度，桩顶铁盖上面应该焊接钢筋，数量是5根或6根，最后，还需要浇筑混凝土强制归心观测台。

第二，楼顶的首级平面控制点使用的是1.2 m的钢结构强制归心标架，它的建设房顶需要是平面的，而且，房顶的柏油层应该铲除掉，铲除的范围也是有规定的，是1.5×1.5 m²，在此基础上，需要使用凿子打毛，将垃圾打扫之后，需要打湿房顶，且要使用木板围一个现浇模板，在里面铺设5~10 cm的混凝土，然后安置标架，最后浇捣混凝土。

2.首级GPS控制网的观测

（1）测定基岩点坐标。磁悬浮工程对测量的要求是非常高的，不仅如此，还要保证控制网的点位精度符合要求，为了更精准地反映出控制点点位发生的变化，需要参考专门为磁悬浮建设的三个基岩点作为基准点，现在长沙的建设规范是要求磁悬浮工程控制网必须要联结上海市的城市网络，以此保证整体的建设是一致的，城市规划是统一的。所以，我们需要明确这三个点的坐标。

磁悬浮工程的沿线有很多的基本控制点，基本控制点和上面提到的三个基岩点组成了一个整体的 GPS 控制网，可以进行 GPS 观测。GPS 观测使用的机器是 GPS 接收机，一共八台，精度均高于 5 mm+1 ppmD，而且是 Ashtech（Z—Surveyor）双频的。观测时间长达 48 h，48 h持续的观测可以让基岩点有更好的精度。

因为城市不同，所以使用的控制点建设技术也不同，有一些城市使用的是较老的常规测角和测边，所以，这些技术导致不同的城市控制网点之间存在较大的误差，而误差又会影响磁悬浮控制网。为了消除这些影响，在进行GPS控制网平差时，对城市控制点成果进行精度分析，最后固定城市控制网中一个精度最高的点作为起始控制点。之后需要固定起始方位角，让GPS的平差进行过程中可以实现方位的旋转和变化。需要通过测距标称精度为1 mm+1 ppmD的LeicaTC2003全站仪测量一些边长，让其参与平差，这样可以确定GPS控制网空间边长的尺度基准。

经过上述处理方法，最后求得3个基岩点的坐标。

（2）观测首级GPS控制网、处理首级GPS控制网的数据。观测首级GPS控制网使用的仪器是5 mm+1 ppmD精度的双频AshtechGPS接收机，而且是四台这样的机器同时观测。通常会持续观测四个小时，设置的有效设站是34个，根据公式计算得出的重复设战数是2，这是符合规定要求的。首级GPS水平控制网平差后的最大点位误差应该控制在−0.8 cm到0.8 cm之间，这个范围是符合标准的范围。

7.1.3　磁悬浮工程基础施工控制测量与放样

1.施工加密控制网的建立、观测与精度分析

工程勘测步骤结束之后，需要进行施工之前的测量监控网的布设，这样做是为了从整体上控制整个工程，控制施工放样。对于施工来讲，所做的所有施工测量都直接涉及施工的开展，所以一旦出现误差，将极大地影响施工质量。因此，在进行这一阶段的测量时，需要做的是设定更加严格的标准，比勘测阶段的标准要高，尤其是进行的非常精密的磁悬浮的工程设计，它对控制点的数量以及位置也有很多的要求，所以要严要求。与此同时，施工过程中，要经常使用控制点，所以必须保证控制点是稳定的，可以方便使用，还要保证点位可以在施工期间保存。此外，现代在进行工程施工时，经常会进行交叉作业，在每个高度上都有人进行施工，都有施工器械，这极大阻碍了施工视线。所以应该正确设置控制点的分布位置，还应该加大控制点的摆放密度，这样更方便施工。

对于长沙市磁悬浮快速列车工程来讲，由于常导磁悬浮技术的悬浮高度较低，因此对线路的平整度、路基下沉及道岔结构方面的要求较超导技术更高。这就要求从支敦、盖梁施工、支座施工、轨道梁制作、轨道梁安放、精调到运营期间轨道梁的变形监测等各个阶段的测量工作都要达到极高的精度要求。

（1）磁悬浮工程对施工控制网的技术要求。因为动迁、征地等原因会影响到工程项目的开展，所以必须在施工范围的附近位置进行布设，一般是在施工线路设计中心线两侧25 m的范围内，而且打桩、机械运输及开挖都会影响控制点，导致其发生位移或沉降，这给施工控制网的布设提出了很高的要求。由于磁悬浮工程测量要建立的平面和高程控制网的精度要比常规工程要求更高，所以在建立施工控制网时要全面考虑客观条件，以达到系统设计的精度要求。在基础施工打桩阶段，为了确保打入的群桩中心在设计允许的误差范围内，对每一根桩都必须要进行定位。在基础承台施工时，必须根据线路的坐标系统确定每个承台的平面位置，对每一个基础承台都要定位。根据设计要求，磁悬浮主线打桩桩位放样精度为X，$Y < \pm 5$ cm，基础承台施工放样精度为X，$Y < \pm 2$ cm，为满足其精度要求，布设了基础施工加密控制网。

第一，点位密度。首级控制点间距约为3 km，但这时的网点间距不能满足施工测量时对控制点的密度要求，因此需要在布设首级平面控制网的基础上进行加密水平控制网的布设，加密网布设成边角网，构成基础施工控制网，网点间距大约为400 m。

第二，网形结构。基础控制网和首级控制网一样，也应布设成三角锁的形式。但在施

工现场，常会由于各种原因导致视线不能通视，这时可布设成三角网的形式。考虑到施工应用的方便性及测量时少受影响，基础施工控制网的点位可分布在一侧，局部范围内可根据实地条件在线路左右两侧穿插布点。

第三，点位选择及埋设。为了减少施工等原因对点位产生的不良影响，要保证控制点应该建设在施工线路50 m之外的地方。既可以在地面上设置控制点，也可以在建筑物的屋顶设置控制点，如果选择建筑，那么要求建筑的稳定性要好。在建筑屋顶设立控制点，要求导线测量和放样的垂直角要小于等于30°。对所有的控制点必须采用强制归心观测墩。

第四，精度要求。由于首级控制网点间距约2～3 km，附合在首级控制网上的基础施工导线最弱点位于两个首级控制点之间，也就是和起算点之间的距离维持在1 km到1.5 km之间，所以，对于控制导线的最弱点点位中误差应该小于等于2.5 cm。在使用GPS对基础施工控制网测量时，要保证点位误差始终在2.5 cm以下。

（2）施工加密控制测量、成果和精度分析。

第一，平面控制测量。平面施工加密控制网各个控制点之间的距离大概是400 m，通常情况下选择的都是GPS定位技术测量平面控制点。计算GPS加密网中控制点的平面坐标值时利用的是首级控制点11～27的大地坐标，这些坐标是GPS控制网进行计算得到的。GPS加密网使用的GPS接收机的类型是不同的，十台接收机会同时进行监测工作，监测时间大概是1.5 h。因为首级控制点之间的距离范围是2～3 km，而附属在首级控制网上的基础施工导线最弱点在首级控制点之间的位置，所以它和起算点之间的距离范围是1～1.5 km，因此，基础施工的控制导线最弱点点位中误差应该小于等于2.5 cm，GPS加密网选择的点的数量是80，这其中17个点都是首级控制点，GPS加密网平差后的最大点位误差是-1 cm到1 cm，这时的精度比较理想，能够达到要求的数值。

如果因为控制点位于高架道路下面而无法使用GPS技术，那么应该使用布设光电测距导线来测量坐标。导线的数量是三条，测角和测距的测量需要使用的全站仪是标称精度为0.5"和1 mm+1 ppmD的LeicaTC2003，计算导线平差需要使用"清华山维NASW95"的商用软件，要求规定的平差误差范围是-1.2 cm到1.2 cm。

第二，高程控制测量。根据精密高程控制网的设计精度要求，精密高程控制网在原"川沙县穗成小学"11#点、"制梁基地附近"17#点和"浦东国际机场二期范围内"（26 s）布设了三个基岩标作为基准点。每次高程控制网复测时，均以该三点作为起算基准点。加密的高程控制网点间距约为200 m，高程控制点桩位均利用事先埋设在线路沿线的精密高程控制网的桩位，高程控制采用一等精密水准的方法施测。

2.磁悬浮归化法放样与测量

由于磁悬浮列车工程是一项精度要求极高的工程，无论主线支墩的放样、盖梁的放样还是盖梁上预埋钢板的放样和支座中心点的定位，以及轨道梁的安装、精调等都需要满足较高的精度要求。磁悬浮主线支墩测量、放样的精度为X、$Y \leqslant \pm 1\ cm$；盖梁测量、放样的精度为X、$Y \leqslant \pm 5\ mm$；盖梁上预埋钢板中心定位点坐标相邻控制点精度为$\pm 5\ mm$；预埋钢板上测定的支座中心点X、Y相对于邻近控制点的中误差为$\pm 1\ mm$。

（1）归化放样法。在点位上，进行测量与放样有一定的不同，前者是通过实际点的相关数据，利用计算再次得出的；放样则是掌握了之前已经准备的数据，再去实地进行标定工作。所以，测量可以进行多次重复工作，在图形的筛选方面，也可以进行多次测量，运用平差的计算，可以进一步提升测量点的精准度，而进行放样的相关工作时，不便进行多次重复工作，对于图形的筛选，也可以进行多余的观测，但不再使用平差计算。因此，放样比测量的精准度要低一些。所以说，为了使放样的精度有所提高，可以把放样位置设置为一个过渡点，也就是在这一位置进行埋桩处理，之后，通过测量，对这一控制点与过渡点间的关系进行相关的计算，对比设计数值与测得数值之间的差异，之后再以过渡点为基准，修改差数，使点的位置更准确，并在这个点的位置进行永久埋桩。归化的过程主要是把要设计的坐标系与过渡点的坐标系进行对比，得出其中的关系，之后将过渡点归位。那么此时过渡点到控制点的方向，便可作为纵坐标的方向，建立坐标系。

$$\alpha_\gamma = tg^{-1}\frac{\gamma_y}{\gamma_x} \quad \gamma = \sqrt{\gamma_x^2 + \gamma_y^2} = \frac{\gamma_x}{\cos\alpha_\gamma} = \frac{\gamma_y}{\sin\alpha_\gamma} \tag{7-4}$$

其中，γ_x，γ_y为临时坐标系中由过渡点至设计点的直角坐标，过渡点位移的方向与γ_x、γ_y的符号有关。

（2）各施工放样阶段的测量工作。

1）支墩、盖梁及支座施工平面控制网的布设及观测。根据施工放样的要求，盖梁的放样精度要高于支墩的放样精度。根据设计要求，磁悬浮主线支墩测量、放样的精度为X、$Y < \pm 1\ cm$；盖梁测量、放样的精度为X、$Y < \pm 5\ mm$。由于在施工过程中，支墩和盖梁的浇注时间间隔不长，而且在不同的施工段，支墩和盖梁的施工是交替进行的，因此支墩和盖梁施工控制网采用同一次的观测结果，而且要满足精度高一级的盖梁施工的要求。

进行放样观测时，运用LeicaTC2003、棱镜来测量边长、角度，为了进一步提升垂直方向的精确度，专门使用了具有了较高精确度的基座。对盖梁的相关施工结束后，应在其上设置相应的钢板，在钢板所在位置放样。当这一工序结束后，依照设计的标准，方便支座施工，应在其预埋钢板刻划线的位置放样。为了进一步与施工放样的精确度相符，应设置支座施工时所需的控制网。根据工程设计要求，刻划线放样的相对精度应＜±2 mn，因此平面控制网测量的成果经平差处理后，相邻的控制点间相对误差也要＜±2 mm。

第一，支墩、盖梁施工控制网的布设、观测与处理。

设置控制网的要求：①点间的密度。对于一级水平控制网而言，其各个网点之间的距离是2～3 km，如果满足不了这一密度标准，那么应在此基础上进一步加密设置控制网，并将其设置为边角网。依照实际情况，以及工程相关设计中对控制网中标志点的标准（尽量做到不影响绿化带、房子），通常是在道的一边，距离中间位置10～25 m处，设置控制网。小范围内，也可以依照现场的实际情况，道的两边均设置相关的点，点间的距离为200 m。②控制网结构。在盖梁、支墩环节中，所用的控制网和基础控制网相同，在一些位置不佳的地方可以设置三角网，在不同的测站处，应实现对所有控制点距离、方向的观测。③控制点的选择方式。点的位置应与线路相距超过50 m，杜绝由于施工而导致点位置的变化。与此同时，还要注重施工过程中对观测的影响，控制点的位置一般均在道的一边，此外，应保证其分布的合理性、均匀性，点与点之间的相距长度不可以小于1/2。控制点处的标志物，应以观测墩为基础新增加的点位，也应依据观测墩的形式来设置。

测量控制网：水平方向上的控制网，运用LeicaTC2003、棱镜来实现其边长、角度的测量，为了进一步提升其在纵轴方向的精准度，专门设置了精度较高基座。观测过程中，测回数是6。

处理相关数据：进行平差计算时，应在一级的水平控制点的基础上，运用平差软件NASEW5.0，对归算后的边长值、不同方向的观测值，进行边角网的平差计算，同时对不同的精度指标进行评定。重复的测量结果，说明了各点位的准确度均在±5 mm范围内，符合盖梁、支墩环节中，对测量精度的标准。

第二，盖梁处对控制网的设置。通常情况下，盖梁处于较高的位置，所以在地面上设置点位，再实施放样较为困难。为了进一步提升刻划线处进行放样的精确度，应在盖梁处设置点位，控制网应同时涵盖盖梁上、地面上的控制点，之后实施观测并进行平差。由于盖梁的位置处没有办法设置归心观测墩，因此应在盖梁处埋设标志物，标志物选用铜芯。为了降低相关数据的对中误差，所以应使用对点器进行平整等施工环节，之后再设置全站仪、觇标。依照地面上稳定点情况，相隔4个盖梁处，设置一个平面点位。筛选点位时，应和地面的强制归心点，形成一个三角网，其角度范围为45°～135°。之后，对盖梁上的点位、地面上已测的点位及所形成的边角网实施联合测量，之后再对其进行平差计算，便可以得出盖梁上点位的实际坐标值。

观测水平控制网时，应依据规范中的相关标准。观测水平控制网的角度方式是，方向观测法，测回数是9，方向数若小于等于3则不需要归零。边长的观测，运用的是往返各观测3回的方式，每回记录4个数值。测量距离时，应对温度、气压等，进行相应的更正。距离的数值是通过归算法、投影改造之后，实施平差计算。平差运用的是平差软件NASEW95。具体方法是验后定权法，固定误差范围为±1.0 mm，比例误差范围为1.0 ppm，方向误差范围为±1.0″。结果得出，水平控制网的控制点的精度，都在2 mm以下，符合相关的精度标准。

第三，支座预埋钢板点位测量。埋设支座预埋钢板时，其中心X、Y坐标控制精度为±5 mm，因此其埋设定位用小铝板平面坐标X、Y精度至少保证在±5 mm以内。定位小铝板测量时，利用盖梁平面控制点极坐标法一测回直接测定其X、Y坐标。定位小铝板放样标定与复测差值（双，5F）均应小于±5 mm。

第四，支座中心点定位测量控制。支座预埋钢板上的支座中心点X、Y精度要求为相对临近控制点的中误差均为±1 mm。利用盖梁上平面控制点，采用极坐标法标定出支座中心点，然后用测回法两测回测定其X、Y坐标，并与设计值进行比较，用其差值对原点位进行修正（即归化法放样），直到满足精度要求。

在每次进行支座预埋钢板点位和支座中心点定位测量时，首先要进行控制点的检测，即测量夹角和已知边长。由于受施工、气候、测量仪器精度等因素影响，现场测量值与原始成果经常有一定差值。即使这一差值在允许范围内，仍会对测量成果造成影响。例如，施测单位与检测单位未在同一个控制点上对同一个放样点进行测量时，可能导致两家单位的测量结果互差超出限差要求。为了防止这种情况出现，应采取相应措施：①施工单位与复测单位均应采用两方向定向，而不能采用单一方向定向；②应在离放样点最近的控制点上安置仪器；③穿过施测点的定向边测量结果与原成果值的系统差应换算为乘常数，设置于仪器内。

2）高程控制测量。

第一，满足支墩、盖梁施工的高程控制测量。为了满足支墩、盖梁施工的需要，须对支墩、盖梁施工所需要的高程控制点进行高程控制测量。根据设计要求，磁悬浮主线支墩的测量精度为$Z \leq \pm 1$ cm；盖梁测量的精度为$Z \leq \pm 5$ mm。高程控制网的布设与满足基础施工的高程控制测量的方法一样，观测时采用一等精密水准的方法进行测量。

第二，满足支座施工的高程控制测量。根据设计要求，需要在盖梁上埋设支座预埋钢板，以用于支座施工。为了保证支座预埋钢板的标高精度，须在盖梁上布设支座施工的高程控制网。高程控制网测量的成果经平差处理后，相邻高程点高差中误差应≤±1 mm。

用于支座施工的加密高程控制网利用沿线墩柱上埋设的沉降观测标志。在每一个盖梁上布设一个水准点，其中每4个盖梁上高程控制点点位与平面控制点点位合二为一。控制点点位应尽量布设在盖梁中心位置。首级控制网施测后，利用首级控制点的高程成果，与墩柱上埋设的沉降观测标志形成若干条附合水准路线，同时通过三角高程测量将高程控制点引测到盖梁上，通过观测，计算出盖梁上的高程控制点成果，然后再在盖梁上布设两条水准路线，求得盖梁上高程控制点的高程。

在盖梁高度较低的地方，可以用精密水准仪直接进行二等水准测量。在盖梁设计高度较高、不能用水准仪直接测量的部分，对水准路线实施分段设置，各线路的长度约为1 km，测量水准路线，运用了不量仪器高、棱镜高的三角高程，以及二等水准测量，将两者结合在一起，实施测量。当相距1 km时，可使用三角高程测量，把高程引测至两边的盖梁处。将地面上的控制点也引测至盖梁处，其水准路线的高程，仅使用不量仪器高、棱镜高的三角高程进行测量，中间点的没测量方式为二等水准测量法。各个线路的高程，处于不相同的水准路线，应对其进行校验工作。

3）不量仪器高、棱镜高的三角高程测量方法。

第一，测量原理。如图7-1所示，为了测量点A到B点的高差，在I处安置仪器、A处安置棱镜，测得I到A的距离S_1和垂直角α_1，从而计算I点处全站仪中心的高程H_I：

$$H_I = H_A + v - \Delta h_1 \qquad (7-5)$$

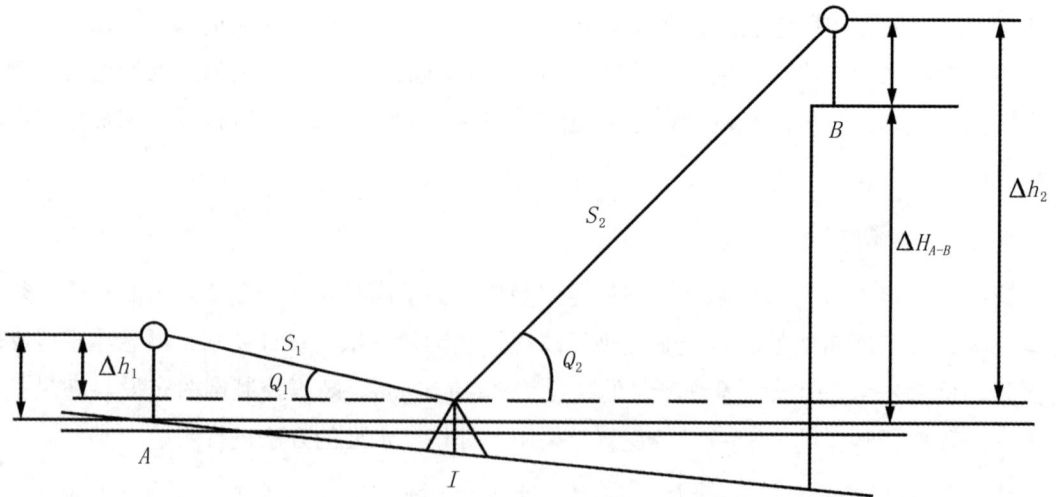

图7-1　测量原理

然后把A点处的棱镜丝毫不改变其长度安置于B点处，测得I到B的距离S_2和垂直角α_2，从而计算B点的高程H_B：

$$H_B = H_I + \Delta h_2 - v \qquad （7-6）$$

点A和点B高差ΔH_{A-B}为

$$\Delta H_{A-B} = H_B - H_A = v - \Delta h_1 + \Delta h_2 - v \qquad （7-7）$$

欲求的点A和点B的高差，已自行消除了仪器高和棱镜高，也就不存在量取仪器高和棱镜高的误差了。

第二，三角高程高差计算公式。

$$\Delta h = S_i \times \sin \alpha_i + (1-k) \frac{S_i \times \cos^2 \alpha_i}{2R} - \left\{ S_j \times \sin \alpha_j + (1-k) \frac{S_j \times \cos^2 \alpha_j}{2R} \right\} \qquad （7-9）$$

或

$$\Delta h = D_i \times \tan\alpha_i + (1-k) \frac{D_i^2}{2R} - \left\{ D_j \times \tan\alpha_j + (1-k) \frac{D_j^2}{2R} \right\} \qquad （7-9）$$

式中： Δh——三角高程测量的高差。

S——仪器到棱镜的距离。

D——仪器到棱镜的平距。

α——垂直角。

k——大气垂直折光系数，$k=0.14$。

R——地球平均曲率半径，$R=6\ 371\ km$。

第三，分析精度。根据三角高程高差的相关公式得出，因为不量取仪器高、棱镜高，所以不会产生相应的误差值。根据已知条件，通过各自的垂直角、距离，得出高差误差，说明当距离不大于50 m、垂直角不大于18°时，$m_{\Delta H_{A-B}}$符合 ± 1.0 mm误差范围。

第四，观测的相关要求。不同的测站所选用的仪器高不同，且测量两次，每次运用的仪器是相同的，不取仪器的高度。

第五，高差较差的相关要求。两次仪器高所测得的数值，其较差应在 ± 10 mm范围内；而在各个测站中，所测得的两点的高差，其较差应在 ± 1.0 mm范围内。

7.2 轨道梁精调测量与控制

7.2.1 混凝土制梁精密测量方案

1.制梁车间水平控制网的布设

（1）制梁车间水平控制网的布设及精度。制梁车间水平控制网分两级布设，首级控制网共8点，次级控制网64点。制梁车间水平控制网相邻点位中误差应优于±0.5 mm，观测时测角的方向中误差≤±0.42″，首级控制网用因瓦尺进行边长量距，量距中误差≤±0.05 mm。

（2）制梁车间控制点的埋设。首级控制点埋设在制梁车间外，在埋设的区域先将工作面开挖至1.8 m深左右，再打入1根直径12 cm、厚5 mm、长30 m的钢管桩，并在此基础上设置控制点的上部观测墩结构部分，要确保观测墩在水平和垂直方向不受车间内外设备运输、安装的影响而产生形变。

次级控制点设立在制梁台座的张拉承台上，每一张拉承台上浇筑4块钢板，钢板大小为40×50 cm²，厚20 cm，同一台座沿X方向两块钢板中心的距离56 m±0.05 m。当张拉承台和张拉立柱浇筑完成后，在钢板上焊接钢管作为观测墩，钢管直径20 cm，观测墩高度要高出模板20 cm。首级控制点和次级控制点都采用强制观测墩。

2.制梁车间水平控制网的观测

（1）首级水平控制网的观测及要求。首级水平控制网观测采用LeicaTC2003全站仪及与其相配套的觇牌，觇牌点整平时采用精密整平基座，距离测量采用24 m因瓦线尺。选取控制网中的两条边用因瓦线尺测距，距离测量的技术规定按设计依据GB/T15314-94《精密工程测量规范》中因瓦线尺精密丈量技术规定执行。

（2）次级水平控制网的观测及要求。由于张拉承台在进行张拉后会发生形变，因此在对每一根混凝土梁的模板、连接件、支座进行定位前必须进行次级水平控制网的测量，规定点位相对精度为±0.7 mm。每次测量可选择同此梁定位相关的控制点，其他的点可以不测。首级网的控制点作为次级水平控制网测量的起算点。次级水平控制网观测采用LeicaTC2003全站仪及与其相配套的觇牌，觇牌点整平时也采用精密整平基座。测量时采用方向交会法进行，角度观测按GB/T15314-94《精密工程测量规范》中的一级精密角度测量技术要求执行。

3.制梁车间精密高程控制网的布设

（1）精密高程控制网的布设及设计精度。在次级平面控制墩的下部高出台座20 cm处布设高程控制点，每一张拉承台上布设一点。用制梁基地内的基岩点的高程作为高程控制的起算依据，对水准控制网进行初测。每次定位前需要对台座两端两个水准点的高程进行检测，检测高差同已知高差之差不超过0.2 mm，否则应从基岩点出发进行一等水准测量，测量出正确高程后才能进行高程定位。

（2）精密高程控制网的观测。观测制梁车间的精密高程控制网，运用的是DSZ05级水准仪、A型因瓦标尺。上述仪器与工具的校验、限差和使用方式，均依照规范中的相关标准实施。

4.施工过程中的测量

（1）模板的定位测量。在模板的定位测量过程中，需满足以下要求。

第一，制梁的内、外模板除了必需的几何尺寸精度和刚度外，安装位置必须达到规定的精度要求。底模高度的精度要求优于 ± 1 mm，其他部位的x、y、z的精度要优于 ± 2 mm。

第二，模板的平面位置定位用极坐标法。当距离$S \leqslant 50$ m时，极坐标放样精度能达到 ± 1 mm，现场放样完成后，再进行检测，距离、角度都应测量一测回，重新计算结果，超出限差范围需重新调整。

第三，模板的高程定位使用DSZ05级的精密水准仪和与其配套的双排分划A型因瓦标尺进行。对同一根梁使用同一个高程起始点。

第四，模板拼装完成后需要进行检测，满足要求的精度才能浇筑。

（2）钢筋位置及间距测量。每一根梁中都要布置大量的钢筋，钢筋的位置和间距在设计中有详细的规定，测量方法可按常规方法进行。

（3）连接件的定位测量。连接件的定位是轨道梁制作的重要工序之一，在定位测量的过程中需要注意以下方面。

第一，连接件位置是下一道工序的基础，必须保证其精度要求。连接件的定位要考虑混凝土浇筑后收缩的影响，特别是沿梁宽度方向不允许出现内缩。

第二，连接件浇筑后要进行加工，确定定位的依据，可以采用在连接件上加工螺丝孔或对固定连接件的面进行精确加工，依据螺丝孔或3个相互垂直的面进行定位。

第三，一根梁上的连接件分组后可通过螺栓或固定夹固定在一个事先加工好的钢架上，钢架上的螺孔和宽度是按连接件位置精度要求进行加工的。

第四，用极坐标法对钢架的平面位置进行定位，精度要求与模板的定位精度要求相同。

第五，钢架的高程定位使用DSZ05级精密水准仪和与其配套的双排分划A型因瓦标尺进行。高程控制起始点必须与梁的模板定位使用同一个点。

5.轨道梁起槽后的变形检测

混凝土梁起槽后，布置等代荷载，然后进行后张预应力施工，对梁体进行60天的养护期，以使梁体完成大部分的收缩徐变。为了测量梁体的收缩徐变，浇注时需要在梁的表面布设6个测量标志。每个点离开梁的边缘5 cm。在布置等代荷载存放的过程中，要根据需要进行周期性的变形检测，变形检测需要对浇注时布设的6个变形观测点进行三维坐标测量。

平面坐标用极坐标法测量。采用LeicaTC2003全站仪进行角度和距离测量，观测按二等精密角度测量的技术要求进行。坐标系可根据养护场地条件采用假定坐标系，也可以建立固定坐标系，通过X、Y坐标反算变形点之间的平面距离确定其形变。高程测量采用DSZ05级的精密水准仪与其配套的双排分划A型因瓦标尺进行，观测按一等水准精度要求进行。每次测量应使用同一台仪器，测站位置应固定。每次假定第一号点的高程不变，推算其他点的相对垂直变形。

6.轨道梁的验收测量

梁体养护结束后，放入调温车间完成调温后，要进行混凝土梁几何尺寸的验收测量。验收测量采用工业测量系统。该测量系统采用两台高精度的全站仪进行测量，测量数据实时传输到计算机，经计算后得到梁特征点的三维坐标。但支座的检测方案要进行探讨。合格后对机加工定位的6个点进行标志的刻划，刻划线粗为0.1 mm，定位精度为±1 mm，最后交付机加工使用。

7.2.2 轨道梁安装精密测量定位

1.轨道梁的概略定位

在制梁车间完成了轨道梁的机加工及功能件安装后，经验收合格，轨道梁被运到施工现场，依据梁的编号，轨道梁要放置到其设计的准确位置。由于轨道梁吊装后会引起支墩一定的沉降变形，故需在梁放置到盖梁上一段时间后方可进行轨道梁的精确定位，在此之前只需进行轨道梁的概略定位即可。由于梁精密定位时调整的范围很小，因此在梁的概略定位时要求其定位精度为 ± 2 mm。

在轨道梁的概略定位时，先将轨道梁用吊车吊起，在适宜的地方架设全站仪（必须对仪器包括十字丝进行检校），对轨道梁侧面刻划的铅垂线进行监测，随时调整轨道梁上的吊装装置，使该铅垂线与仪器的竖向十字丝严格重合，以保证轨道梁的重心线与铅垂线重合，使吊装时轨道梁保持正确的姿态，以防吊装时轨道梁产生形变和扭曲。轨道梁起吊时，钢丝束须同步均匀受力，运转时应水平平移，轻装、轻卸，对轨道梁的侧面需采取有效的保护措施，防止功能件碰撞偏位。

在盖梁支座承台处的适当位置架设操作指挥台，依据轨道梁在机加工时刻划的测量基准线，指挥轨道梁的移动。当轨道梁接近其安放位置时，可根据盖梁支座轴线及轴线垂直方向上的刻划线与轨道梁上刻划线的相互关系指挥吊车移动，直至移到准确位置，将轨道梁放到盖梁上。对放置好的轨道梁，根据盖梁上刻划线和轨道梁上刻划线的相互关系进行检验，如果刻划线的相互位置超出2 mm，则需要进行调整，直至符合定位精度的要求，轨道梁的概略定位工作才算完成。

2.轨道梁的精密定位

（1）精密定位时各种公差要求。

1）轨道梁相对于空间曲线和线路桩位理论位置的安装公差要求如下。

X方向：± 1 mm（参考位置为固定支座轴线）。

Y方向：± 1 mm（以侧面导轨实际中心线为基础，在梁端时为端部轴线外100 mm；对50 m梁，在中间支墩时为支座轴线）。

Z方向：± 1 mm（以侧面导轨实际中心线为基础，在梁端时为端部轴线外100 mm；对50 m梁，在中间支墩时为支座轴线）。

2）轨道梁导向轨公差要求。

相邻梁Z方向高差：± 0.6 mm

相邻梁横向偏差：–1 ~ +1 mm

（2）轨道梁的精确定位调整。

1）轨道梁X方向的坐标计算。轨道梁精密定位时是以功能面为基础进行操作的，即确保功能面的准确到位和相互之间的关系在误差允许的范围内。在X方向，由于定子面每一个定子在空间上的位置是唯一的，且其定位的精度在功能面上是最高的，根据德国在TVE试验线的安装经验，轨道梁上任意一点的X坐标在概略定位完成后，可运用计算定子数量的方法，计算定子面上相应一点的X坐标。根据轨道梁调整的需要，在每根轨道梁上，应在梁的两端侧找出四点。

2）轨道梁Y方向的调整。在确定了定子面上定位点的X坐标后，根据其位置，可计算出相应的理论Y、Z坐标。对于Y方向，由于定子面在功能面的下侧，测量其位置难度较大，为了便于测量，可根据其与侧面导向轨的关系，将其转换到侧面导向轨上，在侧面导向轨上做一临时标志，根据其与定子面上定位点的关系，计算其相应坐标值。对侧面导向轨临时测量点进行坐标测量时，依据临时测量点的空间位置，在与其最近位置的两个已知控制点上同时架设LeicaTC2003全站仪，用前方交会法，测量其平面坐标位置。用相同的方法，可测量出轨道梁相同侧面上另一临时测量点的平面坐标位置（对于50 m的连续梁，应在梁同一侧的两端及中间支座轴线处测量三点）。

在计算出临时测量点的实际坐标后，将两点的实际坐标位置与理论坐标位置进行比较，确定两点在Y方向上的位移量，依此数据进行轨道梁在Y方向上的精密定位。在轨道梁进行Y方向的精密调整时，采用迭代的方式。即先调整Y方向上偏差大的一端。精密调整时，固定轨道梁一端的一个位置，放开另一个位置，在另一端用两个千斤顶同时调整。调整到位后，再对Y方向偏移量较小的一端进行调整。要对调整后的轨道梁再进行测量，如Y方向的偏移量不在误差控制范围内，需再进行调整，直至Y方向的偏移量在误差控制范围内。轨道梁定位时，如果相邻的梁已经精密定位，则其相邻端可根据前一根梁的位置而确定。调整时，使该端的功能面的相互关系满足规定的限差要求即可，调整方法同上。

在轨道梁精密定位时，根据线路控制点的分布情况，在一些位置，由于视线受阻，另一条线路上的功能件将无法测量，这就需要对平面控制点进行加密。加密时，对于相邻的原控制点，在每一点上各放出一点，四点构成大地四边形。精确测定新设点的坐标，新设点相对于原控制点的坐标精度为±1.0 mm。

3）轨道梁Z方向的调整。对于轨道梁Z方向的调整，应采用精密高程控制网的高程成果进行测量调整。观测时，采用DSZ05级精密水准仪和其配套的双排分划A型因瓦标尺及钢钢尺，按一等精密水准的测量精度，测量定子面上定位点的高程（对于曲线梁部分，如测量定子面的高程难度较大时，也可将其高程通过用千分尺的精确量测转换到梁端的临时测量点上），根据理论高程与实际高程的差，指挥操作人员。轨道梁在Z方向上进行调整时，要使其高程与线路桩位理论高程的误差在误差范围之内。

（3）轨道梁精密定位的检验。

1）水平位置检验。针对轨道梁安装精密定位的方法，对轨道梁水平位置进行检验时，可采用与上述相同的方法进行检测。在已知的控制点上架设LeicaTC2003全站仪，分别测量其实际位置坐标，检查其是否在规定的限差范围内。

2）高程位置检验。用轨道梁高程引测的相同方法，采用DSZ05级精密水准仪和其配套的双排分划A型因瓦标尺和钢钢尺，测量定子面定位的高程，检查其是否在规定的限差范围内。

3）功能件各个面的检测。按施工验收的标准，对梁端的相邻滑行面、定子面和侧面导轨进行相互关系的测量验收，验收工具可使用螺旋测微器或游标卡尺等进行。检测数据若均在误差控制范围内，轨道梁的精密定位即告结束。

7.2.3 轨道梁精调测量控制技术

轨道梁精调时，是以功能面（功能面主要是指钢结构功能件的侧面导轨面、顶面滑行面及下侧定子面）为基础进行操作的，即确保功能面的准确到位和相互之间的关系在公差允许的范围内。轨道梁由制梁车间机加工及功能件安装验收合格后，将运架至相应墩号盖梁上的临时支座上搁置一定时间，待变形稳定后由轨道梁施工单位进行轨道梁精调定位，精调完成后经复测通过即可进行支座焊接。在轨道梁吊装到临时支座进行概略定位时，先将轨道梁用吊车吊起，在适宜的地方架设全站仪，对轨道梁侧面刻划的铅垂线进行监测，随时调整轨道梁上的吊装装置，使该铅垂线与仪器的竖向十字丝严密重合，以保证轨道梁的重心线与铅垂线重合，使吊装时轨道梁保持正确的姿态，以防吊装时轨道梁产生变形和扭曲。如果偏差较大的话，将造成精调过程中返工而延误工期。经机加工和功能件安装后的复合导向轨道梁，其内部梁端相互关系已满足验收标准要求，因此轨道梁精调主要是指轨道梁的准确到位（绝对位置）和梁端相互关系满足要求这两部分工作。

1.平面控制点的布设和观测

依照设计的标准，以磁悬浮全部系统的要求为基础，精确调整轨道梁的过程中，应先对其实施定位工作，也就是确定其绝对位置，应在梁顶处，设置平面点位。依据吊装拟定的实施方案，每日吊装的轨道梁为4根，也就是两跨，大约进行的工程量为50 m，安装结束后的第7天进行精调工作，所以需要精调长度成为350 m，之前在盖梁处设置的平面点位，是为了让轨道梁在吊装时使用的，可能会由于相近点之间的阻碍、轨道梁的承重产生一定的变化，加之，精调轨道梁的过程中，也发生在不同标段的区域中，所以在平面点位的精调过程中，不但要注重由于分段设置应适时地提供点位成果，同时还要关注先后调整的轨道梁段之间如何进行衔接，所以，应依据下列方案：精调平面点位时，应以磁悬浮二级的平面控制网为切入点，运用边角网、精密导线等方式，来使设置进一步达到加密的效果，运用轨道梁中的螺栓孔作为强制归心点，其距离为120 m，高度为1.4 m。其标志应采用加强结构，避免轨道梁在外力的作用下发生变形现象。

（1）测量精度要求。《磁浮高速铁路行车线路测量指导书》中规定，平面控制网（点）相邻点相对点位中误差为 ±1 mm（点间距200 m），测角方向中误差为 ±0.65″，测距中误差为 ±1 mm。按测角方向中误差 ±0.65″，计算得测角中误差为 $m_\alpha = \pm0.65'' \times \sqrt{2} = 0.9''$。

（2）平面控制点的布设。精调用的平面控制点应在轨道梁顶面端部吊装用螺纹孔上，安装测量强制对中装置，点位应布设在轨道梁固定支座一端，测量前应将装有测量控制点的轨道梁支座更换为永久支座，并打开滑动支座夹具，以便尽量减少由于温度变化引起的轨道梁变形，从而导致控制点点位的移动。由于轨道梁在外界环境下热胀冷缩及沉降变形等原因，使得在轨道梁布设的精调控制点稳定性受到影响，为了尽量克服这种影响，要求精调控制点的观测及复测应尽量选择外界温度变化较小的时间段（如阴天、清晨或夜间）进行。为排除控制点位移带来的影响，在轨道梁精调前应对使用的测量控制点进行检测。检测方法采用与原测控制网同等观测精度、同等仪器与技术要求进行。平面控制点检测主要检测相邻控制点边长与夹角，并应与地面二等控制网点联测，以确定方位角闭合差、坐标闭合差情况。夹角检测限差为 ±2.5 m″，边长检测限差为 ±2.8 mm。

（3）观测水平控制网。通常运用LeicaTC2003、棱镜对边长与角度进行测量，与此同时，为棱镜专门配置了高精确度的基座。对于其角度的测量，运用的是方向法，测回数是9，方向数小于等于3时不需要归零；边长的测量则是运用3个往返测回，每次记录4个数值。平差法是以首级水平控制网中的控制点为基础，运用了平差软件NASEW5.0，对相应的观测值进行边角网平差计算。

2.高程控制点的布设和观测

为了满足轨道梁精密调整而布设高程控制网。精调高程控制点可与精调平面控制点同时布设，点位直接焊接在平面控制点的底座上，焊接时应注意焊在线路侧方，以使前后架设水准仪均可读数。精调高程点与地面一等水准点连成附合二等水准路线。

根据轨道梁架设和精调的进度，在轨道梁顶每间隔100～150 m设立一个水准点，高程控制测量采用N3水准仪或相应等级水准仪，根据一等的水准来进行测量。水准点若和高程点之间的差值比较大时，应依据三角高程的方式，运用较为精准的仪器，将高程引到梁上，之后在梁上设置标准的线路，便可以得到控制点的高程。这一过程中的测量方式、器械等和支座高程控制网是相同的。此外，其测量的结果要通过平差方式进行处理，相应的误差应在±1 mm范围内。

高程检测要用同等级仪器进行同精度观测。检测时首先参照《国家一、二等水准测量规范》中一等水准测量要求，将地面水准点与精调控制点布设成附合水准路线进行测量，并与原成果比较，检测限差按$±1.8\sqrt{L}$计算（L为相邻高程控制点间距，以千米计算）。当检测成果与原成果较差小于限差时，可认为检测的控制点成果有效，可以用于轨道梁的精调；当检测的成果与原成果较差大于限差时，再做单程检测予以确认，当往返不符值小于限差时，则取其均值，如仍超差则认为原成果失效，需要重新测量后提交成果资料。

3.轨道梁的精调方案与测量

（1）轨道梁精调作业方案。轨道梁精调的目的就是将轨道梁高精度地安放到设计的位置上，既要保证轨道梁的空间相对位置准确无误，又要保证轨道梁之间的相对关系满足公差指标要求。在轨道梁精调的过程中，要将轨道梁的制作误差予以抵消，以保证行车线路的平滑衔接。轨道梁精调经过实验探索，逐步摸索出一套行之有效的方法。即采用基准梁和调整梁（靠梁）两种精调方法进行轨道梁精调。具体地说，就是一般在精调时隔一根梁调整一根基准梁，基准梁的调整以绝对坐标来定位。当两根基准梁调整到位后，再用梁端相互关系控制来调整两根基准梁之间的中间梁。有时候由于控制点设立以及标段之间、精调施工队组之间的接头问题，也可能出现两根基准梁相接的情况。这时对于待调整的基准梁，既要控制其绝对坐标，又要控制梁端相互关系。通常情况下，由远离已调好的基准梁一端的引出件确定绝对位置，而靠近已调好基准梁的一端用梁端相互关系来控制。

（2）基准梁坐标精密定位测量。

1）基准梁精调测点的布设。轨道梁构件精加工完成后，为了轨道梁精调的需要，制梁车间在每根轨道梁上加工了4个定位测点，这4个点分别位于轨道梁左右侧功能件的两端，离端头约300 mm处。为了利用轨道梁上4个测量定位点进行轨道梁精调，先必须加工专用的引出件，将测点引出到轨道梁滑行面上方，以便进行定位测量。

每根轨道梁一般均有4个支座支撑，由于温度变化将引起轨道梁变形，为了解决这一难题，轨道梁的支座进行了专门的设计，即每个轨道梁的4个支座分别为一个固定（或固定变单向）支座，一个为单向滑动支座和两个双向滑动支座。在轨道梁精调时充分考虑了这一情况，在固定支座处的测量点要控制X、Y、Z；在单向滑动支座处的测量点只控制Y、Z；而双向滑动处的测量点仅控制标高Z。

2）基准梁精调测量引出件的理论坐标计算。设计部门提供了轨道梁功能件上定位测点的设计坐标，然而这一数据对轨道梁精调来说是不够的，必须将设计坐标换算到引出件的棱镜中心才能对轨道梁进行精调定位。由于轨道梁在加工时，功能件连接孔存在偏差，因此在计算引出件的坐标时，要注意参照梁端孔位连接件偏移量对引出件坐标进行修正。

3）基准梁精调定位测量与检测。在轨道梁精调时，为了简化计算，便于施工指挥，建立以轨道梁前进方向为X轴，横向向右为Y轴的施工坐标系。将引出件的上海城市坐标换算为施工坐标系坐标，并将精调控制点的坐标也换算为施工坐标系坐标。轨道梁精调的绝对坐标定位精度按相关规定为X、Y、Z均为± 1 mm。

轨道梁的精调工作在每个标段内采用逐跨向前推进的方式进行，而每根梁又是独立进行精调的，为保证精调后的轨道梁空间曲线的平滑衔接，精调时拟采用三定向或双定向极坐标法标定和检测功能件测点引出件的平面位置。如图7-2所示。

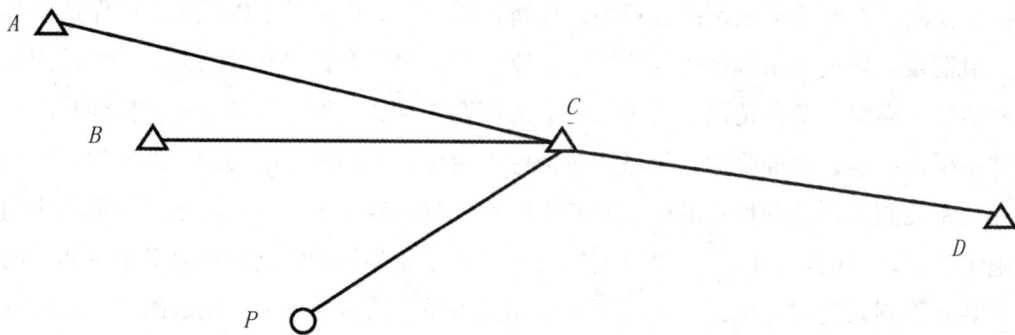

图7-2 检测功能件测点引出件平面位置示意图

即在测站点C上设置全站仪，以前方一个已知点、后方一至两个已知点分别定向标定和检测功能件测点引出件P点。测量时使用LeicaTC2003全站仪（0.5″，1 mm+l ppmD），标定距离不大于75 m。

实际作业时实测坐标值与观测值相差按± 1 mm控制，差值小于± 1 mm精调基准梁检测通过，差值超过± 1 mm的梁需要重调。轨道梁精调时高程Z方向的控制采用几何水准方法由轨道梁高程精调控制点直接测定引出件的高程，与设计值比较，差值按± 1 mm的限差控制。

（3）梁端相互关系测量。梁端相互关系应在轨道梁精调过程、简支变连续后、定子线圈敷设后和车辆运营期间进行测量。测量时，定子面、侧面导向轨和滑行面间隙宜采用经过检验的千分卡尺进行测量；定子面、侧面导向轨和滑行面错位的测量可使用刀尺、长刀尺或NGK测量尺进行测量，使用刀尺、长刀尺测量应定期检测，使用NGK测量尺，每次测量前必须进行检测标定。

梁端相互关系的测量应选择在气温变化小、无日照的情况下（如清晨）进行，并对滑动支座端的间隙实测值加以改正：

$$\Delta L = \frac{t - t_0}{t} \cdot (L - 0.45) / 1\,000 \tag{7-11}$$

$$l = l_{测} - 2 \cdot \Delta L$$

式中：ΔL——梁长随温度变化值，单位为mm。

L——梁长，单位为m。

t——环境温度，单位为℃。

t_0——基准温度，单位为℃。

l——改正后间隙值，单位为mm。

$l_{测}$——间隙实测值，单位为mm。

测量梁端相互关系时要准确记录测量时间、温度，温度计要放在离梁面1 m高、太阳直射不到的地方测量大气温度。固定支座端不需要考虑温度对间隙的影响，滑动支座端需考虑温度影响，考虑温度影响后滑动支座端一般可以调整到满足公差要求。如果两端不能同时满足轨道梁间隙公差要求时，一般应保证滑动支座端间隙公差要求。

7.3 磁浮轨道精调测量

7.3.1 中低速磁浮轨道结构介绍

1.轨道结构

中低速磁浮轨道结构自上而下主要包括感应板、F型钢、H型钢轨枕、伸缩接头、连接件、扣件系统及承轨台道床等部件。

2.轨排结构介绍

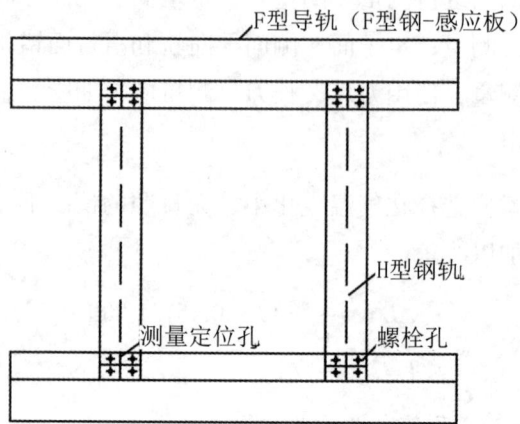

图7-3　轨排平面结构图

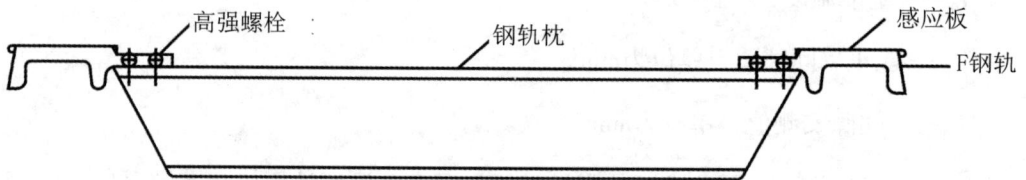

图7-4　轨排横断面结构图

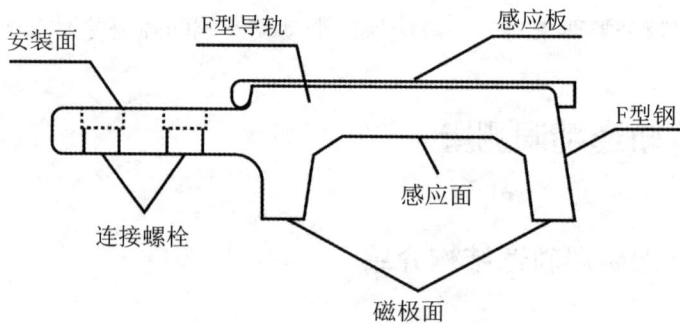

图7-5　F型导轨断面图

如图7-3~图7-5所示，轨排以H型钢轨枕作为主龙骨，两端利用高强螺栓连接F型导轨，钢轨上用密封胶连接铝制感应板。F型钢、H型钢轨枕等钢材均采用Q235D的钢材制作加工。轨排结构高度见表7-2。

表7-2　轨排结构尺寸统计表

下部基础类型	F型钢高度（支撑轮滑行面处高度）	H型钢轨枕高度	轨距	轨缝	轨道结构高度
桥梁/路基/库线立柱	30 mm	230 mm	1860 mm	20 mm（标准）	500 mm

中低速磁浮轨排轨枕分两种类型，分别如下。

H1型轨枕：适用于路基、桥梁、隧道、车站地段，扣件预留孔内径为$R16$ mm，满足I型扣件安装。

H3型轨枕：适用于库内线立柱段，扣件间距950mm，预留孔内径为$R16$ mm,满足I型扣件安装。

F型导轨由F型钢和感应板组装而成。F轨外侧为刹车面，F轨凹进去面为磁极感应面，下部为磁极面。

7.3.2　轨排精调前准备工作

1.梁面处理

在轨道精调施工之前，先对承轨梁相关工作与线下单位进行对接，对承轨梁中线位置、高程等技术指标进行验收，并完善相关交接手续。对梁面预埋钢筋不满足要求的部位进行扶正，对梁面预埋钢筋缺失及预埋位置不对地段按照要求处理，同时并对伸出梁面过长的钢筋进行裁剪或弯折处理，对承轨台处部分混凝土表面浮渣凿毛处理，用高压水枪或高压风清理其表面，以确保承轨台和承轨梁能连接为一体。

2.轨排验收

轨排验收主要在厂验及轨排基地验收两部分，检查轨排组装外观、内部尺寸和框架线性等，检查合格后通过车辆运输至施工场地指定的部位。

（1）轨排组装外观：检测轨排的长度、F轨是否有明显磕碰及变形、感应板是否有磕碰变形、轨枕间距（抽查）、连接螺栓是否有松动，以及轨排标识是否清晰等项目，并对出厂相关合格证书进行查验、存档。

（2）轨排内部尺寸：利用标定的专用道尺在轨排验收平台上检测轨排的轨距、水平及磁极共面度等。

（3）轨排框架线性检测。

轨排在验收检测平台上，利用F轨测量定位，通过全站仪检测轨排的直线、曲线等框架线性。每榀轨排组装尺寸允许偏差如表7-3所示。

表7-3　轨排组装尺寸允许偏差表

序号	检查项目	误差值/mm
1	轨距	±1
2	两F轨对角线长度	≤3
3	相邻两轨枕间距	±2
4	同一横截面四磁极面共面度	≤1
5	F轨端部滑行面键槽间距	≤0.4
6	轨排长度方向任意4米线型偏差	（弦高）≤1.5

（4）轨排验收完成后，要形成相应的验收记录表并存档。

7.3.3 精调工序与工艺流程

（1）轨道精调作业程序为粗铺点放样→轨排粗铺对位→轨道精调→轨道复测。

（2）工艺流程：轨道初铺作业的工艺流程如图7-6所示。

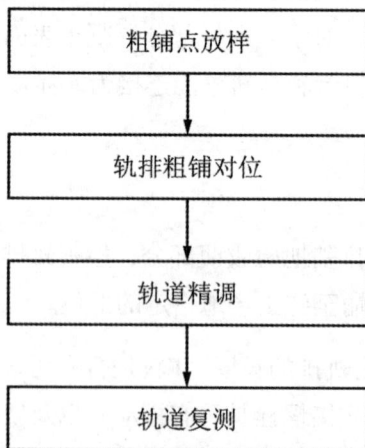

```
┌─────────────┐
│  粗铺点放样  │
└─────────────┘
       ↓
┌─────────────┐
│  轨排粗铺对位 │
└─────────────┘
       ↓
┌─────────────┐
│   轨道精调   │
└─────────────┘
       ↓
┌─────────────┐
│   轨道复测   │
└─────────────┘
```

图7-6　轨道初铺作业的工艺流程

7.3.4　轨排粗铺点放样与对位

1.轨排定位点的放样

轨排定位点依据CPⅢ控制点，采用全站仪自由设站极坐标法进行测设，自由设站观测的CPⅢ控制点不少于3对。更换测站后，相邻测站重复观测的CPⅢ控制点不少于1对。

轨排定位点，自由设站点的精度应满足表7-4所示要求。

表7-4　自由设站精度检查要求

项目	X	Y	H	方向
中误差	≤1 mm	≤1 mm	≤1 mm	≤1″

自由设站测量完成和精度满足要求后，CPⅢ控制点的坐标不符值应满足表7-5所示要求。

表7-5　CPⅢ控制点坐标不符值限差要求

项目	X	Y	H
控制点余差	≤2 mm	≤2 mm	≤2 mm

若CPⅢ控制点坐标不符值不满足表7-5的要求，在保证CPⅢ控制点不少于两对的前提下，剔除超限的CPⅢ点重新自由设站，直到满足要求为止。

在自由设站点精度和CPⅢ不符值均满足要求的前提下，对轨排定位点进行放样，并应满足以下要求。

1）轨排定位点的放样距离不大于100 m。

2）轨排定位点放样不超出CPⅢ点的包裹范围。

3）轨排定位点平面定点精度不大于3 mm。

4）重复设站后的点位重复测量坐标差值不大于2 mm。

2.轨排粗铺对位

轨排定位点完成后，轨排铺设时应该采用带激光的水平尺进行粗调和对位。为减小后期轨排调整量、减轻测量压力、提高精调效率。应保证粗铺对位精度在2 mm以内。铺设完成后现场铺设技术人员应弦线检查相邻轨排上下和左右错牙误差应保证在2 mm以内。

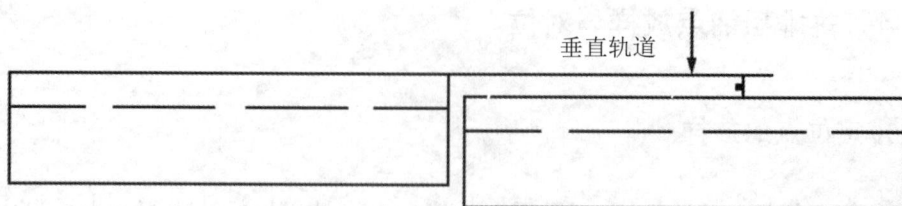

图7-7　轨道侧视图轨缝错牙

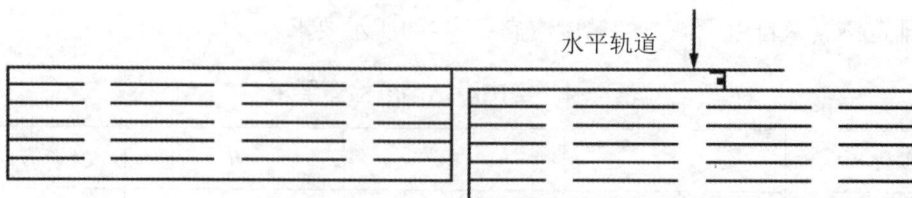

图7-8　轨道俯视图轨缝错牙

7.3.5　轨道精调测量

1.轨排精调软件简介

采用C++编写的控制软件，界面精美、实用，可随时检查全站仪的工作状态是否正常。windows操作平台，支持多任务处理，可以在不退出控制软件的情况下检查数据，或执行其他操作。通过蓝牙工程即可实现全站仪和工控机间的数据通信，达到无线遥控。

图7-9　磁悬浮轨排精调系统软件主界面

2.轨道精调

磁浮轨道精调是通过全站仪在CPⅢ控制网下自由设站，测量安置在F轨排上的工装棱镜而获取实时的三维坐标，全站仪在CPⅢ下自由设站，同一测站观测的CPⅢ控制点数不少于4对，剔除不合格CPⅢ点后最低点数不能少于6个CPⅢ点。测量F轨排第一对棱镜时最近距离不小于8 m，最远距离不应大于40 m。

全站仪采集的三维坐标数据，通过自主开发的磁浮F轨道精确测量定位软件实时计算出实测值与理论值的偏差，从而进行指导轨排调整，同时利用轨排支撑架进行微调，手摇竖向千斤顶调整轨道高程、高低方向位置，横向螺杆调整轨道水平方向位置，直至将轨道调整至设计状态。

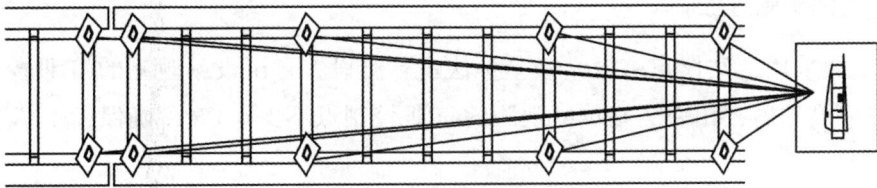

图7-10　轨道精调示意图

为保证磁浮列车行驶时的安全性和舒适性，轨道精调后线路必须达到表7-6中的技术指标。

表7-6　轨道精调后允许偏差表

检查项目	允许偏差	检测方法
轨距	±1 mm	轨距道尺
轨道高程	±1 mm/4 m	全站仪
水平	±3 mm	钢直尺/全站仪
高低	1.5 mm/4 m	全站仪
	3 mm/10 m	全站仪
轨排里程	±5 mm	全站仪全部检查
方向	1.5 mm/4 m	全站仪
	3 mm/10 m	全站仪
轨缝	±2 mm	卡尺全部检查
承轨台连接螺栓扭矩	±5 N·m	力矩扳手全部检查
轨端连接板螺栓扭矩	±5 N·m	力矩扳手全部检查
轨道接缝（竖向/横向）	±1 mm	卡尺全部检查

注：1）检查段内实际轨缝的平均值，以计算轨缝值为标准允许偏差±2 mm；

2）轨温小于当地历史最高轨温时，不得有连续3个及以上的瞎缝；

3）不得出现最大构造缝（计算值等于最大构造轨缝时除外）。

3.轨道复测

（1）轨道复测方法。

轨道精调浇筑完成后要对轨排进行复测，及时了解掌握浇筑完成后的数据为后期的联调联试提供依据。复测方法有两种，一是逐根轨枕复测，使用测量工装对待测轨排的轨枕逐根进行数据采集；二是精调点位置复测，复测点的位置与精调时所摆放测量工装点位相同。

（2）复测实施过程。

轨排复测采用全站仪自由设站极坐标法进行测设，自由设站观测的CPⅢ控制点不少于3对。更换测站后，相邻测站重复观测的CPⅢ控制点不少于1对，确保设站精度在1 mm以内。

轨排复测一般安排在夜间或阴天，外界环境干扰较小的情况下进行，逐根轨枕复测为一站复测两榀轨排，摆放一个工装放在左轨或者右轨由远及近或者由近及远的方式采集数据，路线为U字形。

采用精调点位置复测采集方法同样为一站复测两榀轨排，复测点的位置与精调时所用点位相同，根据精调板文件进行复测数据采集。

在换站后复测测量的时候要搭接上一测站的1~2根轨枕，以减少测站间的误差。

将复测采集的数据保存好以报表形式导出整理，进行分析。

第8章　有轨电车轨道精调

8.1　轨排初调

利用全站仪自由设站，测设中线加密基标。通过测设的加密基标来调整轨道中线位置，中线位置通过对轨道支撑架调整之后，锁紧斜撑拉杆。加密基标测量应符合下列规定。

加密基标在线路直线段应每6 m、曲线段应每5 m设置一个。

直线段加密基标应依据相邻控制基标采用截距法和水准测量方法，逐一测定加密基标的位置和高程，其平面位置和高程测定的限差应符合下列规定。

相邻基标间距纵向误差不应超过±5 mm。

加密基标偏离两控制基标间的方向线应小于2 mm

相邻加密基标实测高差误差不应超过±1 mm，每个加密基标的实测高程误差不应超过±2 mm。

通过加密基标位置，利用丁字尺与设计轨道中线对比，对其进行轨道粗调，初调时安排2~4名工人分别在左右两侧进行拉杆的调整，进行反复调整直至调整到±5 mm范围后锁紧拉杆。

通过加密基标高程，利用丁字尺与设计轨道高程对比，进行高程调整。指挥工人对轨排架的竖向螺杆进行调整，在调整高程时，对竖向螺杆逐一调整，反复顺接前后螺杆直至调整到-5 mm左右。一般调整比设计低，便于精调。

在初调完成后，指挥工人对支撑拉杆与竖向螺杆进行检查并锁紧加固，然后利用长夹板锁紧相邻轨排架，保持轨道平顺连接。

8.2 轨排精调测量作业

（1）全站仪应使用线路两侧3~4对CP III控制点，自由设站后方交会的坐标精度应满足相应技术要求，建议$\Delta X \leq 0.7$ mm，$\Delta Y \leq 0.7$ mm，$\Delta H \leq 0.7$ mm。不能满足时，应重新设站。

（2）全站仪设站完成后进入轨排精调界面，选择"精调作业"操作组下的"轨排精调"按钮，进入轨排精调作业窗口。进入窗口时，请等待系统载入路线设计参数以及通信端口初始化完成。

（3）轨排精调作业的可选项参数主要有：①自动轨枕号生成规则定义；②设置精调作业方向；③选择带调标架组类型；④精调成果数据文件规定等。

（4）各参数设置。

1）TSTMS测量标架组时，保存精调测量成果，每一根标架的测量数据的编号，可以是人工输入的轨枕编号和按照里程自动生成轨枕编号。设置轨枕编号生成规则的方法如下：点击窗口上的图形按钮，进入板号生成规则定义界面。

2）测量作业选项有：①选择测量标架组类型；②选择精调线路类型（如果存在左线推算右线，则可选测量左线。还是右线）；③选择精调成果数据文件保存等。点击窗口种的『选项』按钮，进入设置测量作业选项界面。

选择线路。如果选择了左线推算右线的计算方式，则该窗口可以选择当前测量线路是左线还是右线，否则只有一个选项"缺省"。

选择标架组类型。标架组类型定义里面包括：标架的个数、每根标架之间的间距及标架上棱镜的高度等。点击"标架"下拉列表，选择所需的标架组类型。

3）选择精调作业方向。标架组类型后面的下拉列表为选择"精调作业方向"。精调作业方向决定了软件显示的左右轨数据的位置和平面（横向）调整方向，软件界面显示的调整方向，"左"为站在全站仪端看向测量标架组的左端，"右"为对应的右端。

软件界面显示的偏差数据左边的数据是全站仪前视方向的左边轨道的数据，反之为右。

如果将精调作业方向设置为相反方向，则红框和黄框内的高低数据显示位置会交换，同时横向调整方向会相反。

精调作业方向设置必须正确，因为它决定了测量轨道超高的方向，否则超高测量的符号会出现错误。

（5）轨排精调作业选项参数设置完成后，再人工瞄准标架组的1#棱镜，开始精调作业。

（6）精调时注意事项。

1）轨排精调测量作业应避免在气温变化剧烈、阳光直射、大风或能见度低下等恶劣气候条件下进行，宜选择在阴天无风或日落两小时后，日出前，气象条件稳定的时段进行。

2）仪器应架设在稳定性高的地点，避免各种振动带来的影响。

3）全站仪应尽量在轨道中线位置附近架站。

4）为了保证测量精度，每次架站的前后单边测量距离≤50 m，太远的距离会出现全站仪不能区分前后测量棱镜的问题。

5）换站时，应重复观测相邻站的两对CPⅢ点进行自由设站后方交会。

6）换站后，应进行换站塔接偏差检测，相同测量位置的横向和高程互差不应超过2 mm，否则，应该重新进行设站。新测站的测量数据应对相邻测站间存在的换站偏差进行平顺搭接。

（7）轨枕平顺性搭接。

轨枕平顺性搭接的主要目的是以搭接轨枕为基础，其后面的轨枕精调时，将搭接轨枕的横向和高程偏差，按照2 mm/30 mm的变化率做平顺性过渡处理，保证后面的轨枕不会与搭接轨枕产生台阶式的偏差，例如：对前段已经浇筑的轨枕，如果绝对位置出现较大的偏差，或者对于换站时出现的换站偏差，后面精调时只能与前段做平顺性搭接处理，而不能机械地将后面的轨枕调整到设计位置。

第9章　无砟轨道道岔精调

9.1　无砟道岔概述

高速无砟道岔作为高速铁路轨道组成的一部分，要满足动车高速、平稳、安全通行的各项检测指标，道岔精调是其中的技术难点之一。规范高速无砟道岔铺设施工的标准化作业，确保道岔铺设施工作业的质量和安全，明确道岔精调作业的流程和操作要点，使之符合设计要求、符合施工规范及验收标准的规定。

铺设必须严格遵守《高速铁路无砟道岔铺设技术条件》（TB3302）和《高速铁路轨道工程施工质量验收标准》（TB-10754）各项要求。

9.1.1　高速无砟道岔分类

（1）以道岔功能分类。

站线道岔：　直向高速、侧向低速，用于列车进站停车。

渡线道岔：　直向高速、侧向中速，用于列车换线运行。

联络线道岔：直向高速、侧向高速，用于上、下高速线。

（2）以道岔辙叉类型分类。

固定型辙叉、可动心轨辙叉。

（3）以道岔号数分类。

12、18、38、42、50、62等。道岔号数$N=\text{ctg}\,\alpha$（辙叉角），侧向速度越高，道岔号数越大。客运专线高速无砟1/18道岔直向通过速度350 km/h，侧向通过速度80 km/h；高速无砟1/42道岔直向通过速度350 km/h，侧向通过速度160 km/h；高速无砟1/62道岔直向通过速度350 km/h，侧向通过速度220 km/h。

9.2　无砟道岔结构组成

9.2.1　转辙器组件主要结构特征

尖轨均采用60D40钢轨制造而成，均为藏尖式尖轨。

转辙器尖轨跟端均按设限位器、间隔铁和不设传力机构三种方案设计。

转辙器间隔设置带施维格辊轮的滑床板和防跳限位装置，基本轨内侧采用弹性夹扣压。

尖轨均采用分动钩型外所闭装置牵引、转换。

道岔钢轨均设置1∶40轨底坡或轨顶坡。

转辙器滑床台板表面均设置减磨涂层。

通用型扣件系统均采用Ⅱ型弹条分开式扣件系统。

铁垫板均为整体硫化垫板。

钢轨轨下设置5 mm橡胶垫板。

9.2.2　可动心轨辙叉主要结构特征

可动心轨辙叉采用钢轨组合型，心轨采用60D40钢轨制造，短心轨后端为滑动端，翼轨采用轧制的特种断面翼轨。

翼轨跟端用间隔铁分别于长心轨和叉跟尖轨胶结。

心轨均采用钩型外锁闭装置牵引、转换。

道岔钢轨均设置1∶40轨底坡或轨顶坡。

可动心轨辙叉的滑床台板表面均设置减磨涂层。

通用型扣件系统均采用Ⅱ型弹条分开式扣件系统。

铁垫板均为整体硫化垫板。

翼轨轨下设置7 mm橡胶垫板（部分翼轨轨下不设置橡胶垫板）。

9.2.3 配轨（俗称导曲线，即连接转辙器和辙叉的所有连接轨件统称）

客专道岔前、后端及道岔区均采用焊接接头。

为便于道岔厂内试制和组装，客专道岔厂内制造配轨时均按轨缝为8 mm计算钢轨件长度（若订货时有特殊要求，也可按照要求数据制造），现场铺设时根据实际情况自行断轨（铝热焊：轨缝23～27 mm）。

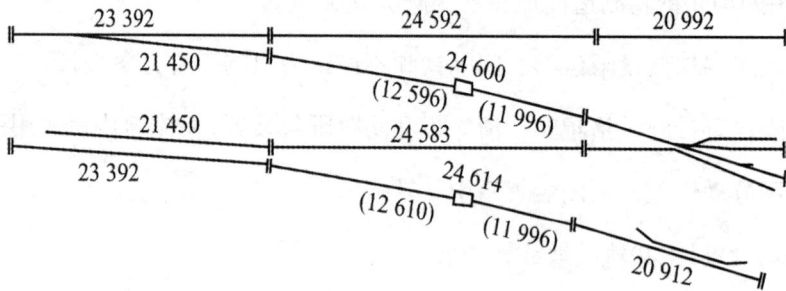

图9-1　客专18号单开道岔配轨图

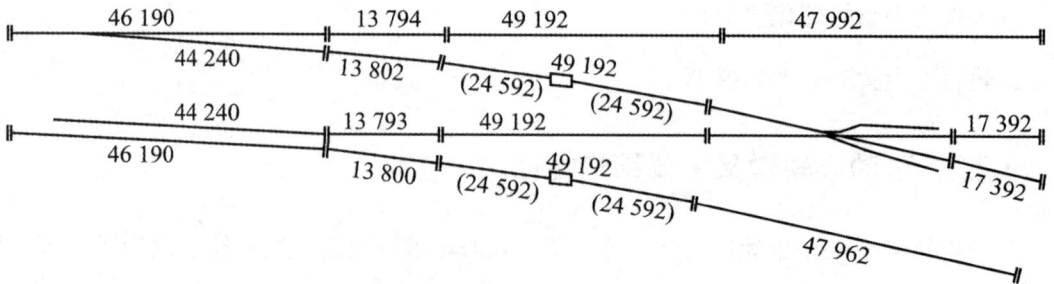

图9-2　客专42号单开道岔配轨图

注：图示中带有方形接头标识的位置为胶接绝缘轨，两幅示意图均为曲股绝缘的单开道岔，若为直股绝缘时则将直股的两根配轨制作成胶接绝缘轨，叉内胶接绝缘轨均为生产厂内制造。

9.3　无砟道岔工流程

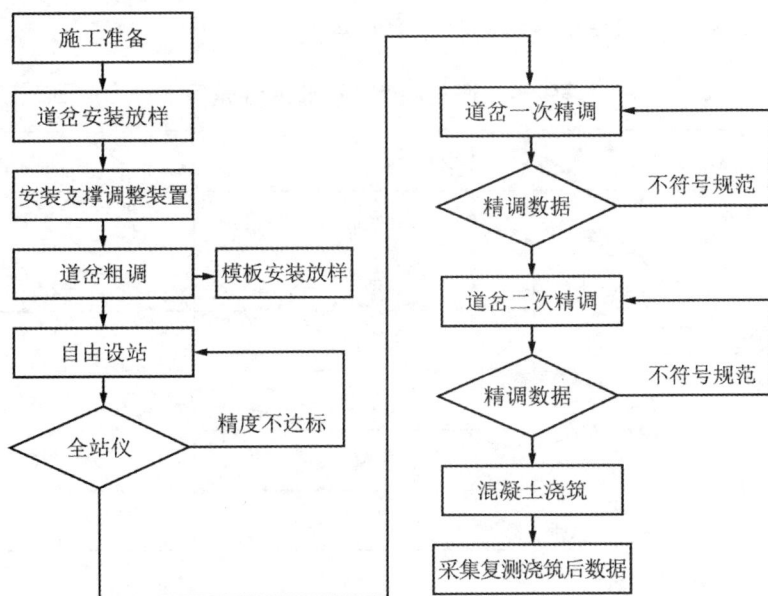

图9-3　无砟道岔流程图

9.4　无砟道岔准备工作

（1）线下主体结构竣工，施工区域通过沉降变形观测评估，具备无砟轨道道床施工条件。

（2）无砟轨道施工测量前CPⅢ控制网必须完成且通过评估单位的评估。

（3）主要测量设备：安伯格（Amberg）精调小车、松下CF-19笔记本电脑、全站仪（徕卡TS16）、棱镜及电子轨距尺等。

（4）人员培训：GRP1000S是一个测量系统，操作人员需具备系统的测量知识能够熟练操作全站仪，并具有现场使用全站仪进行轨道调整的经验。人员培训的目的不只是让参与人掌握轨道精调的方法，更重要的是使其认识到轨道精调的意义和重要性。

（5）设备进场后必须检查仪器设备是否在鉴定期内，各种配件是否齐全，仪器设备连接是否正常，保证测量设备到达施工现场后能够正常使用。

（6）首先应检查全站仪是否在规定的检定期内，对于超过检定有效期的仪器必须送到专业检校部门进行检校，合格方可使用。

9.5 无砟道岔安装放样

（1）对底座板（支承层）进行验收允许偏差。

表9-1 道岔底座板验收允许偏差

序号	检测项目		允许偏差值/mm
1	底座	顶面高程	±10
		宽度	±10
		中线位置	3
		厚度	±10%设计厚度
		平整度	10/3 m
		伸缩性位置	10
		伸缩缝宽度	±5
2	凹槽	中线位置	5
		两凹槽中心间距	±10
		横向宽度	±5
		纵向宽度	±5
		深度	±10

（2）无砟轨道道岔区测量以CPⅢ控制点为基准，根据站场设计图自由设站进行道岔区控制基桩测量，确认无误后进行道岔岔心、岔前、岔后、岔前100 m和岔后100 m分别测设道岔控制基标，精度要求±2 mm。

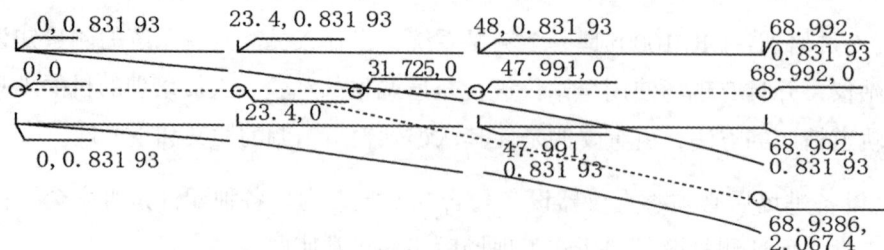

图9-4 无砟道岔安装放样示意图

（3）各组无砟道岔测设需要一次完成，而且需要复核道岔各组件的长度及相对位置。

（4）铺岔前需要复核道岔中心控制基桩的中线以及里程和标高，还需要检查底座板高程，除此之外，复测岔前、侧股控制基桩以及岔后直股是否出现损坏，如果没有损坏，那么可以施工。

（5）道岔与区间或站线无砟轨道衔接时应以道岔控制基桩为依据进行调整。

9.6　无砟道岔组装及粗调

（1）根据道岔安装控制基桩进行钢筋绑扎；搭设简易组装平台；枕木摆放；安装弹性垫板、调高垫板及扣配件；定位道岔钢轨件及安装扣配件连接钢轨件；钢轨件安装过程中首先要根据测量放样的位置点使用吊线锤和方尺对尖轨、心轨位置进行确定并固定，以免在起道或者混凝土浇筑后两根尖轨存在里程差。

表9-2　道岔安装定位允许偏差

序号	检验项目	允许偏差/mm
1	轨面标高	0~-5
2	中线	5
3	道岔全长	10
4	尖轨方正	±2

（2）采用高精度水准仪对道岔底座板（支承层）编点测量，根据实测高程值计算道岔标高调整量，现场调整轨面标高。

（3）通过调整支撑丝杆起平道岔，板尺量取底座板（支承层）编点处距轨面处高差达到计算设计起道高差，调整之后，轨面标高的范围是-2 mm到-5 mm，水平的数值应该不大于2 mm，导曲线也不可以出现反超高，高低用10 m弦量≤2 mm。调整道岔方向的时候需要按照吊线锤对准道岔安装控制基桩，弦线用10 m，弦量≤2 mm。

（4）道岔起道完成后，使用GRP1000轨检小车对起道完成的道岔进行粗调，平面控制在±5 mm以内，高程控制在±2 mm以内。

（5）道岔钢轨件标高、方向调整到位后，检查道岔全长及方正，符合要求后连接钢轨；粗调完成后进行地锚钻孔，地锚钻孔要求施工队隔一根岔枕位置钻一个孔，且直股侧曲股侧钻孔位置必须统一，地锚螺栓焊接时直股曲股侧应焊在同一根岔枕桁架钢筋上。

图9-5 无砟道岔平面支撑系统示意图

9.7 无砟道岔精调

道岔安装定位后要进行精调测量，使道岔的轨道中线、轨距、水平、高程以及高差达到所需要的设计精度。利用CPⅢ控制网使用，全站仪实测得精调小车上棱镜的三维坐标，然后结合标定的轨检小车几何参数、小车的定向参数、水平传感器所测横向倾角及实测轨距，即可换算出对应里程处的实测平面位置和轨面高程，继而与该里程处的设计平面位置和轨面高程进行比较，得到其偏差，用于指导轨道调整。

道岔精调遵循"先高低，后方向；先直股，后侧股；先整体，后局部"的原则。一般道岔都在直线上，因GRP1000轨检小车使用德铁标准是以下一条曲线自动辨别高低轨来选择导向轨，为了使辙叉部分少动，把直尖轨设定为导向轨。道岔直股线形计算时需要虚拟一条曲线线形，让小车能够自动选择正确的导向轨。

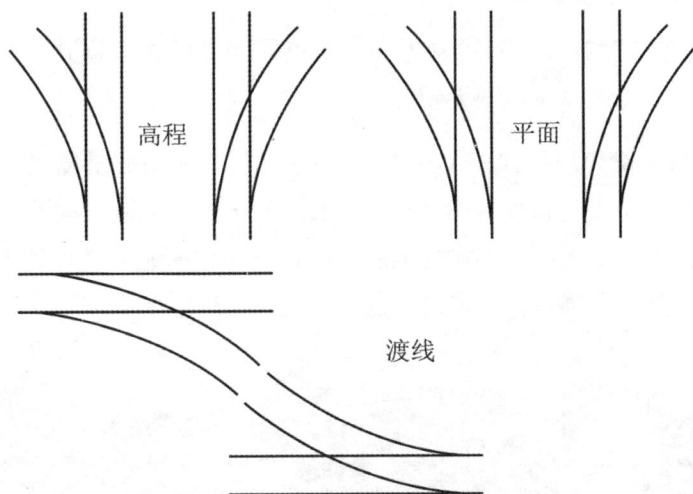

图9-6 道岔精调虚拟导向轨示意图

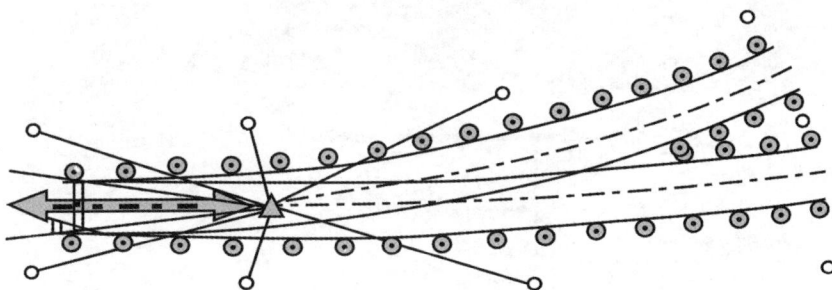

图9-7 道岔精调示意图

9.7.1 道岔第一次精调

1. 调整顺序

道岔粗调完成后，按照如下顺序进行道岔的精调：道岔轨向高低调整—道岔水平与轨距调整—道岔各部密贴与间隔调整—先直股后曲股、保直股兼曲股。

2. 道岔轨向与高低调整

随轨检小车移动，根据检测反馈数值逐点对道岔水平、方向进行微调定位。

（1）调整螺杆调节器竖向支撑螺杆高度、精调起平道岔。道岔高低、水平不超过设

115

计限值。滑床台板坐实坐平，垫板与台板的间隙不超标。

（2）调整地锚装置螺栓，对道岔方向超限点作局部精调。直股工作边直线度符合规定指标、曲股工作边曲线段应圆顺无硬弯。

道岔钢轨平面位置和高程偏差不应大于2 mm；不同测站的重复测量应不少于10根轨枕，重复测量偏差应小于2 mm；重新设站后偏差还是大于2 mm，就要对全站仪搬站所造成的轨道不平顺进行补偿。如果不做任何补偿时，全站仪搬站会造成轨道的不平顺。道岔的高低通过起道、落道来调整，使道岔高低差满足技术标准要求。

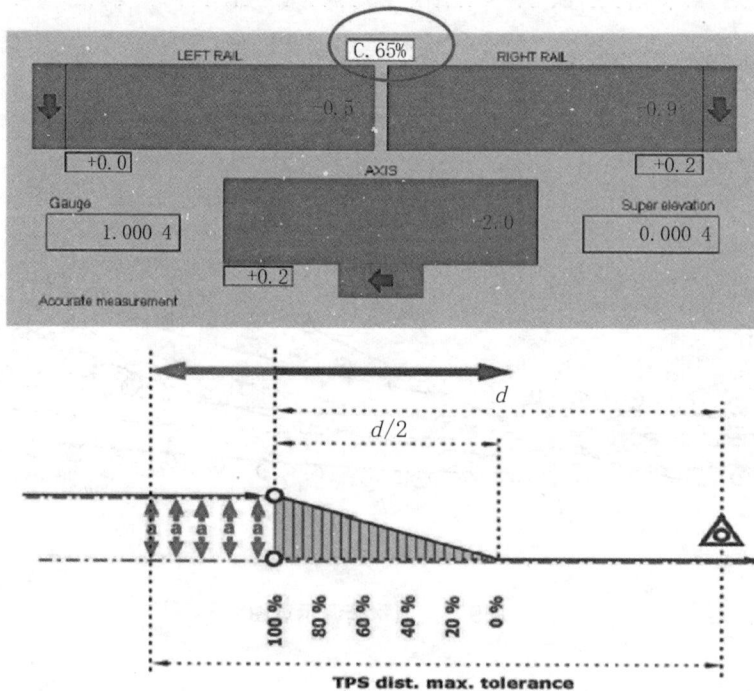

图9-8　道岔精调补偿示意图

3.　轨距与水平调整

调整时应以直基本轨一侧为基准，按照先调支距再调轨距的步骤进行，使尖轨跟端起始固定位置支距、尖轨跟端支距和导曲线支距允许偏差符合设计要求。通过轨检小车对道岔轨面逐点测量，确定道岔标高调整数值，精调起平道岔。轨面标高精调确定后，道岔高低、水平不超过设计限值。滑床台板坐实坐平，垫板与台板的间隙不超标。

每站调节完成后，重新设站采集数据。

图9-9 道岔精调示意图

9.7.2 道岔第二次精调

利用轨检小车对道岔方向、高低、水平和轨距等几何形位指标进行检测及调整，并采集调整最终数据。

①第二次精调前应对弹条螺栓、岔枕螺栓、限位器螺栓、翼轨间隔铁螺栓和长短心轨间隔铁螺栓进行复拧，复拧扭矩达到设计值；消除吊板及轨下胶垫上台等现象。

②施工队根据轨检小车采集的数据对道岔不合格的支距、轨距进行调整，必须保证第二次精调前道岔支距、轨距全部达标。调整完成后，由现场技术员进行复查，轨距、支距调整在设计±1mm范围内。

③第二次精调后的道岔须由监理单位会同施工单位按照道岔铺设技术条件中的检测验收项点逐项检测道岔，并采集数据，混凝土浇筑前的道岔须完全满足道岔铺设验收的要求。

④浇筑完成养护期过后，复紧扣件采集复测数据。

图9-10 道岔浇筑后轨检小车复测数据

表9-3 道岔精调作业标准

项目	施工阶段道岔精调	焊接锁定后道岔精调
绝对精度	中线±2 mm，高程±2 mm	中线±10 mm，高程+4、-6 mm
相对精度	轨距、水平、高低、轨向满足规范要求	同左
调整方法	调整轨排支撑/调幅0.3～0.5 mm（不含轨距）	更换扣件调整件/调幅1 mm
精度控制	绝对精度、相对精度和平顺性	以相对精度和平顺性为主
平顺性	轨距：变化率1/1 500，相邻轨枕0.3～0.5 mm	同左
	水平：变化率2 mm/2.5 m，相邻轨枕0.3～0.5 mm	同左
	高程：变化率1/1 000，相邻轨枕0.3～0.6 mm	同左
	中线：变化率1/1 000，相邻轨枕0.3～0.6 mm	同左

　　在养护期过后，通知施工队对浇筑完混凝土后放松的扣配件进行紧固，紧固完成后通知测量班对已浇筑完的道岔进行复测，复测完成后根据GRP1000轨检小车采集的数据对道岔进行调整，调整完成后按照中国铁路总公司工程管理中心关于印发《无砟轨道、无砟道岔和悬臂浇筑连续梁首件工程评估实施意见》的通知（工管站前函〔2018〕286号）对道岔各部几何尺寸逐一进行检查。

9.8　注意事项

（1）轨道精调完成后不允许再有人为的干扰，否则有可能需要重新进行精调。

（2）如果在浇筑混凝土前对道岔位置有任何疑问，应及时采取复测检核。

（3）最终精调和浇筑的时间差超过12 h，需重新复测。

（4）气温迅速升高或降低15 ℃时，需重新复测。

（5）检查地锚螺栓是否全部锁死、支撑丝杆是否全部落地受力。

（6）曲股岔后无轨地段双块式检查是否进入曲线段。

（7）由于新铁德奥道岔存在设计轨距加宽（加宽的一侧等同于异常曲线），所以GRP双轮部分要永远靠在导向轨上，也就是尖轨上，因为尖轨除尖端外都是直的；在尖轨尖端和心轨处由于存在藏尖，所以相当于两侧均加宽（两侧均存在异常曲线)，在此区域轨检小车的测量结果不真实，需进行附加测量。

第10章　长轨精调测量技术

10.1　无砟轨道长轨精调流程图

按照无砟轨道长轨铺设后轨道精调各工序施工流程，长轨精调流程如图10-1所示。

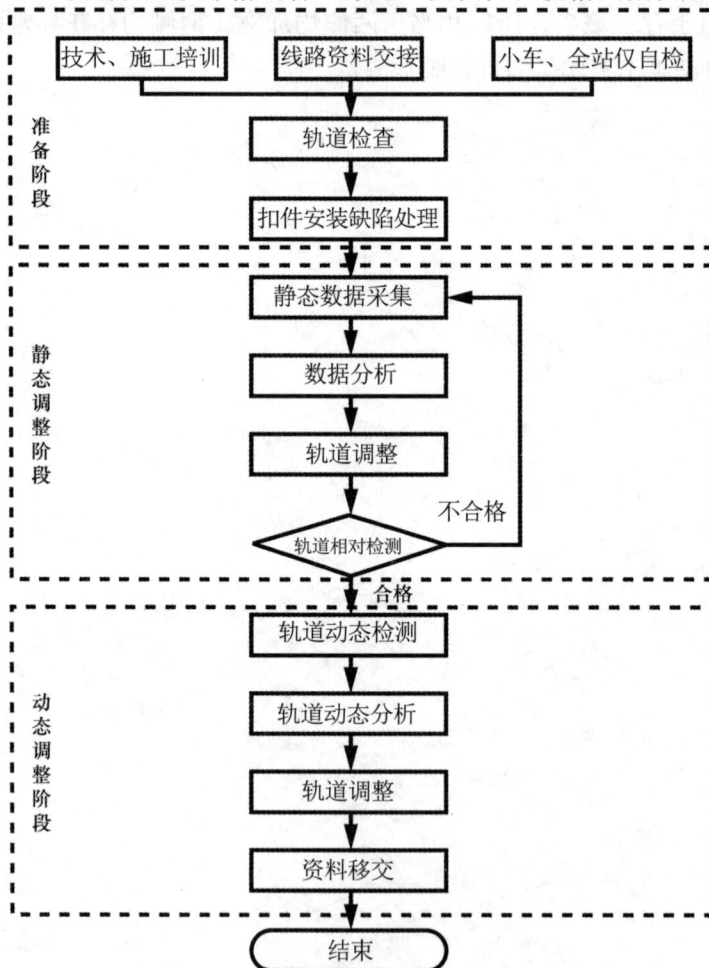

图10-1　无砟轨道长轨精调流程

无砟轨道长轨精调的前期准备阶段和调整阶段都十分重要。在前期准备阶段，轨道板的复测、扣件安装，以及 CPⅢ 的复测都需要进行严格检查，如果钢轨或扣件没有保持清洁，那么轨道焊接口不平顺等均会影响到调整阶段的测量精密度。调整阶段主要划分为动态调整和静态调整两个部分，动态调整主要是指车辆在联调联试期间，根据轨道的动态检测数据以及集合人工添乘情况，针对出现偏差的数值进行调整；静态调整主要是指根据轨道的静态测量数据，针对不符合规定范围内的数值有针对性地进行调整。

10.2 长钢轨精调准备及注意事项

10.2.1 长钢轨精调准备

（1）检查轨道测量仪、全站仪等测量仪器的工作状态，复核线路参数等。轨道检测小车、全站仪（角度测量精度不大于0.5″）、0级道尺（检校周期：3个月校核一次）、气象传感器CPⅢ棱镜组件等精调设备符合国家标准，具备的专业检定单位出具的合格检定证书。

（2）为保障精调工作的顺利进行，精调前5~10天，扣件调整件需到位，且需满足精调精整持续施工。[①]

（3）施工单位需安排专人对需要精调的段落进行全面检查，钢轨、扣件干净无污染，无缺少或损伤。

10.2.2 轨道精调注意事项

（1）长轨精调尽量以中长波偏差控制为主；对轨道进行复测，根据复测结果和轨道中长波，进行统计分析，制定调整方案（每次提报方案不少于9 km），高程调整以垫为主，最大降幅不得大于3 mm，左右调整不得大于4 mm，全线原则上应无断链、断高，根据复测结果进行统计分析；轨向、高低的30 m弦和300 m弦长中长波不平顺的检验要求：轨向、高低短波2 mm/30 m、长波4 mm/300 m，即采用30 m（48个轨枕间距）弦长测量，检测间距5 m的两相邻检验点的实际矢高差与设计矢高差的差值为2 mm，用于控制中波不平顺；采用300 m（480个轨枕间距）弦长测量，检测间距150 m的两相邻检验点的实际矢高差与设计矢高差的差值为4 mm，用于控制长波不平顺。

（2）轨距要求控制在1 mm以内，水平控制在0.5 mm以内，相邻承轨台间轨距递变不

---

①牛春霞，吕宏权，何文浩.长大隧道双块式无砟轨道施工测量[J].隧道建设，2013，33（1）：65-72.

得超过0.4 mm，相邻承轨台间水平递变不得超过0.3 mm，且不能连续交替正负水平；高程及平面200 m范围内最大最小偏差值不大于3 mm。

（3）编制无砟轨道长轨精调精整工作施工方案，标段内第一遍绝对精调测量方案需经公司工程管理部、武汉局汉十高铁介入组共同审批后，方可实施。

（4）对偏差较大、无法通过扣件调整的轨道数据的道床板、遇坐标换带、线型不准确和轨道板偏差大于8 mm以上以及其他问题时，应第一时间上报，经精调精整工作管理及验收小组组织有关专家确认后，施工单位进行揭板处理，不得以打磨承轨面和挡肩的方式代替精调。所有轨枕必须外观质量合格。

（5）轨道精调前半个月提交CPⅢ复测评估成果表，并同步对沿线已破坏CPⅢ桩进行修复和复测。

（6）测量中必须记录精度不达标的CPⅢ立柱编号，为下一步精调提供保障。如遇钢轨轨面脏污，应先进行清理，再进行测量，确保精度达标。

10.3　轨道静态几何状态数据采集

（1）无砟轨道轨枕编号。为保证轨道静态数据与现场钢轨扣件的一一对应，应对扣件或承轨槽进行编号，编号原则应按相关要求。

（2）轨道扣件安装及钢轨检查。进行轨道静态数据采集前，为确保轨道几何状态能真实反映道床板的几何位置，避免因扣件安装错误、扣件配件缺失、钢轨焊接、打磨不平顺导致的轨道平顺性不良，从而导致轨道采集数据不准确。因此在进行轨道静态数据采集前，应对轨道扣件和钢轨进行100%检查，对存在的上述问题进行处理后方可开展轨道静态数据采集工作。

（3）轨道扣件安装缺陷处理。针对轨道扣件安装存在的扣件配件缺失、安装错误、弹条扣压力不足等问题，应按要求进行扣件的重新安装或补齐；垫板存在的空吊应对造成空吊的原因进行分析并合理消除空吊；钢轨和焊缝存在问题的，需进行处理，确保上述问题得到处理后方可进行轨道数据的采集工作。

（4）线路参数计算及输入。

1）线路参数计算。根据设计院提供的设计线路参数，包含线路曲线参数、坡度表、超高表和断链表，按照轨道数据采集软件的要求进行曲线五大桩的计算，计算完成后再次进行方位角的复核，确保计算参数的准确。

2）线路参数的输入。轨道数据采集软件线路参数的输入按照平曲线、竖曲线和超高分别输入，上下行分别建立项目输入，建议在进行长轨精调时按照运营里程进行线路参数的输入，避免采用施工里程导致的断链过多，同时采用运营里程也便于与运营期间一致。

（5）轨道静态数据采集。现场轨道静态数据采集是关系长轨精调质量和进度的重要环节，必须严格按照设备的操作和无砟轨道长轨精调技术要求进行数据的采集，以确保数据的精度和进度，数据采集流程如图10-2所示。

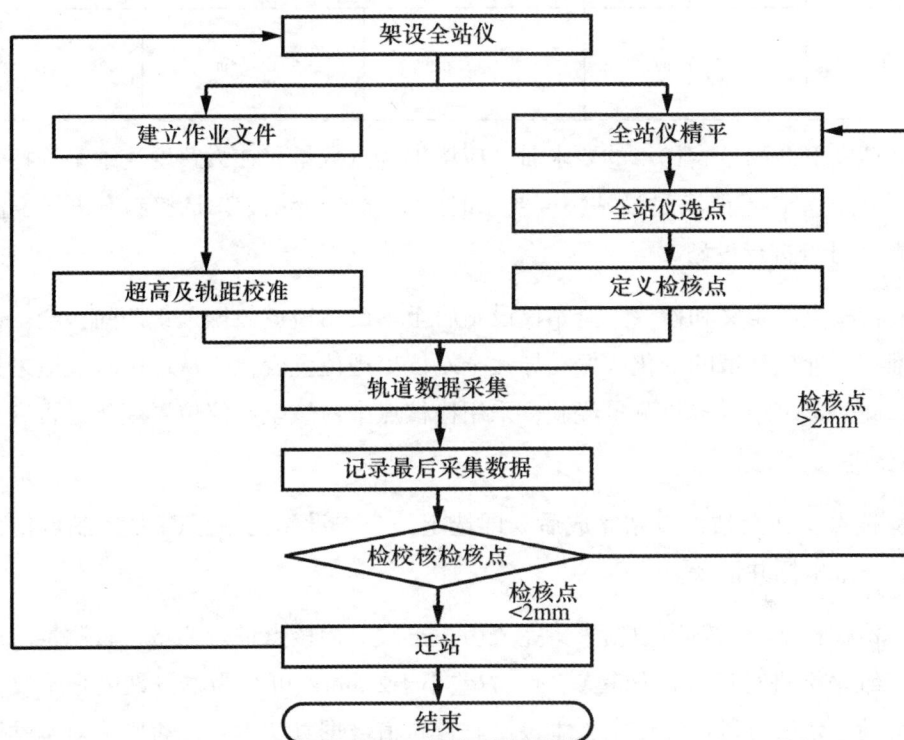

图10-2　无砟轨道静态数据采集流程

第一，架设全站仪。全站仪应架设在与轨道几何状态测量仪棱镜同一直线位置，高度尽量与棱镜同高，与轨道几何状态测量仪距离在5~65 m之间，具体设站距离应根据外界环境确定，当环境温度稳定、无风、无雨雾且无阳光直射时可适当加大设站距离，反正则减小。

第二，建立作业文件。作业文件按每工作日为基础，在更换线型参数和基准轨时应建立新作业文件。

第三，超高及轨距校准。超高在轨道数据采集前必须进行校准，且掉头测量差≤0.3 mm，可进行多次校准。轨距校准：GRP1000S小车可根据现场测量记录进行检查。轨距校准采用0级电子道尺进行校准。

第四，全站仪设站。全站仪设站选点不得少于8个CPⅢ控制点，且全站仪前后应各为4个，前后均得有大于60 m以上CPⅢ控制点，设站精度按表10-1执行。

表10-1　自由设站精度要求表

项目	X	Y	Z	方向
中误差	≤0.7 mm	≤0.7 mm	≤0.7 mm	≤2″

当设站精度不能满足表10-1的要求时，应增加选点数量，在大跨度连续梁等特殊结构导致CPⅢ精度较差，不能满足设站精度要求时，应立即对该段CPⅢ控制点进行复测，并采用新复测CPⅢ点进行设站。

第五，检核点的定义和检核。全站仪设站后至本设站轨道数据采集期间，全站仪会随着时间的推移、外界环境的变化或振动导致全站仪出现位置变化，从而影响轨道采集数据的精度。为此，本书结合多年测量经验，采用检核点来检核全站仪位置变化是否满足轨道精调测量要求。

定义检核点：在全站仪设站完成后立即选定一个本设站内最远CPⅢ控制点作为检核点，测量其三维坐标并记录。

检核点检核：本设站轨道数据采集完成后，再次对检核点进行测量，将测量三维坐标与定义时三维坐标进行检核，如其X、Y、H差小于2 mm，可视为本设站内全站仪位置变化较小，可满足轨道测量精度要求，本设站测量轨道数据真实有效，否则应对本站测量的轨道数据进行重测。

第六，记录搭接误差。本设站轨道数据采集完成后，应记录其最后采集2~3个轨道中线和高程偏差，在下一设站后再次测量该处轨道偏差，如两测站轨道偏差之差均小于1 mm，则表明搭接精度良好，可进行下一测站轨道数据采集，如大于1 mm，则需进行重新设站或对上一测站轨道数据重新采集，两测站搭接扣件数不得少于10个。

（6）轨道静态数据采集质量控制。

1）道岔前后200 m应与道岔作为一个单独区间进行轨道静态数据采集和分析，确保道岔平顺性。

2）在进行道岔数据采集时，整组道岔数据采集应采用相同8个CPⅢ控制点进行设站，确保道岔采集数据的搭接精度。

3）在进行轨道数据采集时，测量小车必须停止稳定，且所显示的轨道高程偏差和中线偏差数据变化应小于0.3 mm，表明测量数据稳定，否则应缩短设站距离。

4）测量组应配置温度气压计，及时修正全站仪温度和气压，消除环境变化对测量精度的影响。

5）轨道数据采集应安排在夜间作业，避免阳光直射、外界稳定剧烈变化等因素对测量数据的影响。

6）在轨道数据采集过程中，全站仪迁站和测量小车行走均应匀速轻放，避免剧烈振动对仪器造成影响。

7）各标段搭接段长轨精调前，需测量搭接处相邻标段300 m轨道数据，取得相邻标段搭接处3 km轨道的测量数据，将标段内搭接处调整方案提交给相邻标段，数据出现变化时，及时相互沟通，重新精调；同时，标段内每次精调前，必须与上次精调精调区段搭接300 m。

10.4 轨道静态数据分析

（1）轨道静态采集数据质量验收。在进行轨道静态数据分析计算前，对采集数据进行初步分析和计算，确保采集数据精准，验收内容包括搭接误差是否超限、所测量的轨道平面和高程数据是否有不精确数据、现场设站精度是否满足要求等，对不满足要求的数据必须废弃予以重测。[①]

（2）无砟轨道静态数据分析流程。经过验收合格的轨道静态数据即可进行轨道平顺性分析和计算，通过测量软件和后处理软件的转化，导入长轨精调软件中进行轨道的模拟计算，最终形成轨道精调方案。其具体轨道静态数据分析流程如图10-3所示。

---

①曾勇，王海彦，肖杰灵.隧道内双块式无砟轨道施工技术[J].铁道建筑，2009（8）：118-120.

安
伯
格
测
量
数
据

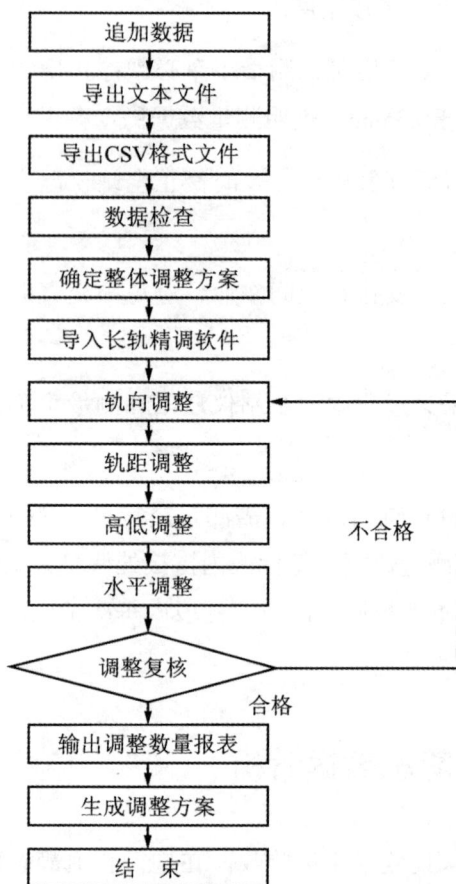

```
        ┌──────────────┐
        │   追加数据    │
        └──────┬───────┘
        ┌──────┴───────┐
        │  导出文本文件  │
        └──────┬───────┘
        ┌──────┴───────┐
        │ 导出CSV格式文件 │
        └──────┬───────┘
        ┌──────┴───────┐
        │   数据检查    │
        └──────┬───────┘
        ┌──────┴───────┐
        │ 确定整体调整方案 │
        └──────┬───────┘
        ┌──────┴───────┐
        │ 导入长轨精调软件 │
        └──────┬───────┘
        ┌──────┴───────┐
        │   轨向调整    │◄──────────┐
        └──────┬───────┘           │
        ┌──────┴───────┐           │
        │   轨距调整    │           │
        └──────┬───────┘           │
        ┌──────┴───────┐           │
        │   高低调整    │       不合格 │
        └──────┬───────┘           │
        ┌──────┴───────┐           │
        │   水平调整    │           │
        └──────┬───────┘           │
         ╱──────┴──────╲           │
        ╱   调整复核     ╲──────────┘
        ╲              ╱
         ╲────┬───────╱
              │   合格
        ┌─────┴────────┐
        │ 输出调整数量报表 │
        └──────┬───────┘
        ┌──────┴───────┐
        │  生成调整方案  │
        └──────┬───────┘
        ┌──────┴───────┐
        │   结　束     │
        └──────────────┘
```

图10-3　无砟轨道静态数据分析计算流程图

（3）轨道静态数据分析原则。

1）"重检慎调"原则，针对轨道测量数据中轨道存在的轨向和高低不平顺，先对测量数据进行分析，确保测量数据的精准后再进行模拟适算，杜绝不合理、错误精调方案的出现。

2）"先整体、后局部"原则，在进行轨道模拟分析时，先确定分析段轨道整体线型，确定整体调整方案，再对存在的高低、轨向短波不平顺进行调整。

3）"先轨向、后轨距，先高低、后水平"原则，在专业长轨精调软件中将导向轨轨向和高低调整平顺，确保轨道平顺性指标满足要求后，再按照0.5 mm要求对轨距和水平进行调整。

（4）无砟轨道静态数据分析。

1）确定整体精调方案。在进行轨道静态数据分析前，必须对需要分析的静态数据进行整体方案的确定，采用绘制轨道平面偏差和高程偏差图的方式确定整体调整量，按照平面、高程偏差之差每100 m≤3 mm的要求进行整体方案的确定。

2）轨向调整。调整平面基准轨的轨向，按照整体分析方案中平面调整量要求，对轨道平面整体偏差进行控制，再按轨向短波（30 m弦，5 m检核）值控制在1.0 mm的要求进行调整，同时要保证平面基准轨线型平顺，无突变，无周期性小幅振荡。

3）高低调整。调整高程基准轨的高低，按照整体分析方案中高低调整量要求，对轨道高程整体偏差进行控制，再按高低短波（30 m弦，5 m检核）值控制在1.0 mm的要求进行调整，同时要保证高低基准轨线型平顺，无突变，无周期性小幅振荡。

4）水平调整。水平的调整是在高低基准轨已满足平顺性要求的基础上，对非基准轨和水平进行调整，使高程非基准轨满足线型平顺，无突变，无周期性小幅振荡，水平变化率≤1.5‰，同时水平无周期性小幅振荡。

（5）无砟轨道长轨精调方案。轨道精调方案是指导长轨精调现场施工的重要技术资料，包含如下轨道几何参数：轨枕/扣件编号、里程、基准轨、高程调整量、平面调整量、调整后超高、调整后轨距、设计超高（曲线段）、调整前后轨道高程和平面偏差对比图，为便于扣件更换各班组备料，在调整方案中统计各型号调整件的用量。

10.5　无砟轨道扣件的更换

无砟轨道长轨精调扣件更换施工流程图如图10–4所示。

```
          ┌──────────────┐
          │   调整量标示   │
          └──────┬───────┘
                 │
          ┌──────▼───────┐
          │   调整件摆放   │
          └──────┬───────┘
   ┌─────────────┼─────────────────────────┐
   │      ┌──────▼───────┐                  │
 基│      │  超高和轨距测量 │                  │
 准│      └──────┬───────┘                  │
 轨│   ┌─────────▼─────────┐                │
 调│   │  基准轨轨向和高低调整 │◄──────┐        │
 整│   └─────────┬─────────┘       │        │
   │         ┌───▼────┐         不合格        │
   │      ◄──┤超高和轨距复测├──────┘        │
   │         └───┬────┘                    │
   └─────────────┼──── 合格 ────────────────┘
   ┌─────────────┼─────────────────────────┐
   │      ┌──────▼───────┐                  │
 非│      │  超高和轨距测量 │                  │
 基│      └──────┬───────┘                  │
 准│   ┌─────────▼─────────┐                │
 轨│   │ 非基准轨轨向和高低调整 │◄──────┐        │
 调│   └─────────┬─────────┘       │        │
 整│         ┌───▼────┐         不合格        │
   │      ◄──┤超高和轨距复测├──────┘        │
   │         └───┬────┘                    │
   └─────────────┼──── 合格 ────────────────┘
          ┌──────▼───────┐
          │   调整件回收   │
          └──────┬───────┘
          ┌──────▼───────┐
          │     结束      │
          └──────────────┘
```

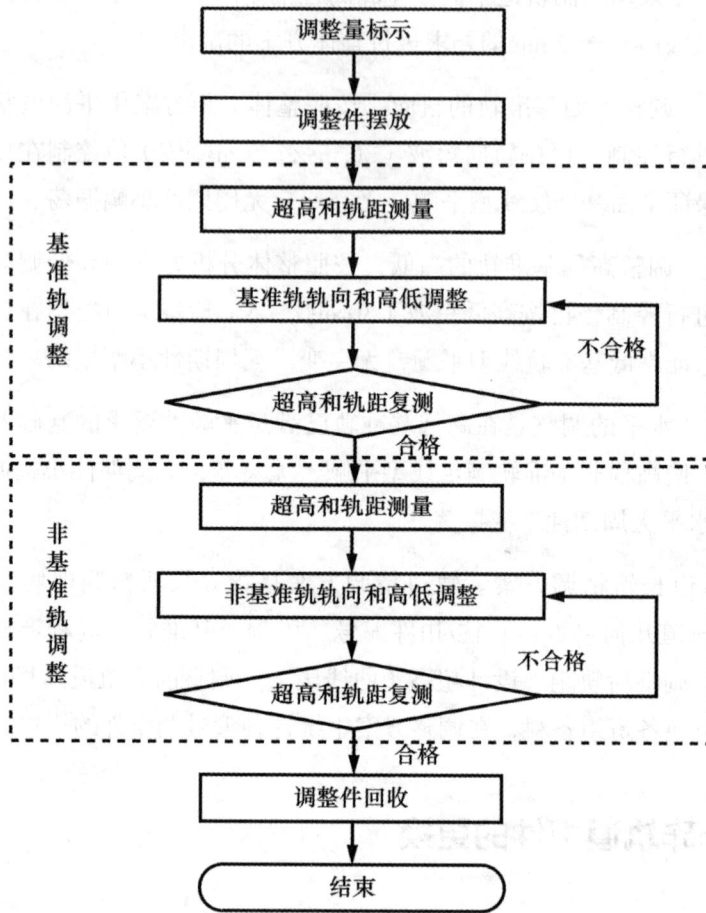

图10-4　无砟轨道长轨精调扣件更换施工流程图

10.5.1 砟轨道扣件更换

第一，调整量标识。由技术人员按照轨道精调方案，将需要调整扣件调整量标识在钢轨上。在进行标识时，必须对该扣件编号区间的扣件数量进行复查，确认现场扣件区间的扣件数量与精调方案中扣件数量一致，同时标识完一个更换区段后应对标识进行检查，避免造成错标、漏标。

第二，扣件调整件摆放。标识完成后，由作业人员按照标识调整量根据与调整件的对应关系摆放对应型号的扣件调整件，调整件应摆放在需调整扣件处，不得随意摆放，防止在扣件更换时用错调整件。

第三，轨距和超高测量。为保证精调质量，检查精调后钢轨的实际调整量与精调方案是否吻合，在扣件更换前必须对需要调整的扣件处钢轨进行轨距和水平的测量，并将测量结果标识在该处钢轨上，便于调整后复核。

第四，扣件更换。拆除需要调整扣件螺旋道钉，将摆放在该处扣件调整件按扣件安装要求装入，需要注意的是，在拆除螺旋道钉时，在更换扣件两端各多松卸两个道钉。在安装扣件调整件时同时将扣件内、承轨槽处的杂物清理干净，确保扣件安装密贴、正确。[①]

10.5.2　整效果复核

扣件更换完成且螺旋道钉安装后，再采用0级电子道尺对轨距和超高进行复测，并与调整前轨距和超高进行对比，如轨道的实际调整量与精调方案中的调整量差小于0.3 mm，则可视为合格，反之则更换调整件再次进行调整并复核，当实际调整量与精调方案不一致时，应将实际调整量记录在精调方案中，便于后期制作"一建一档"资料。

10.5.3　基准股调整

基准轨扣件更换完成且调整效果经检查符合要求可进行非基准轨扣件更换工作。非基准轨扣件更换与基准轨扣件更换相同。用0级电子道尺进行轨距和超高的测量并记录，按照轨距和超高不大于0.5 mm要求进行调整，并将调整量标识在对应扣件处钢轨上，布料人员根据标识进行调整件的摆放，扣件更换人员按要求进行扣件的更换，更换完成后再次采用道尺进行超高和轨距的检查，对轨距和超高大于0.5 mm的进行再次调整，确保轨距和超高合格后即完成本段轨道调整工作。

10.6　联调联试阶段动态数据分析

联调联试期间，必须按照"及时、准确"原则对动态检测数据进行分析。

10.6.1　TQI超限

轨道质量指数（track quality index），是一种能够将轨道质量用数字进行有效表达的一种方式，相比于其他评价轨道质量状态的方式，其易于记录、分析和存储，从而能够帮助轨道工程师更高效地对轨道的实际状态进行评估，进而能够及时地对将要出现的问题和障碍做出正确的预判，减少轨道事故的发生概率。

TQI质量指数主要是将轨道的三角坑、高低、轨距、轨向及水平角度等数值进行统计后，以200 m轨道区段为单元区段，计算出这几项数值存在的几何不平顺值的标准差，数

①宫海鹏. 无砟轨道施工精测技术及其运用[D]. 成都：西南交通大学，2009：5-76.

值越大，则轨道的平顺程度就越差，从而波动也就越大，反之亦然。

轨道不平顺质量指数TQI已经成为线路接管单位最为看重的动态验收指标，同时也是全面衡量轨道是否平顺的重要指标，无法通过对缺陷点的消除快速提升轨道质量。联调联试期间作业时间有限，必须加强数据分析能力，减少现场工作量，才能达到短期内快速提升轨道平顺性的目标要求。

TQI由7项管理指标组成，在对TQI报告进行分析时，按照要求，先列举出TQI超限区段，再分析具体超限原因，将轨道整体病害原因确定到具体钢轨和类型上，并对处理效果做出预期目标，有针对性地进行处理。

TQI报告同时也必须与轨道动态波形图结合分析，明确本段轨道TQI超限是由于超限点较多还是整体不平顺导致，轨道静态数据采集后，其精调方案也必须与波形图一致后方可按精调方案进行扣件更换。

管理值超限是轨道动态检测中的缺陷点，针对轨距、超高、三角坑和轨距变化率等问题，可采用0级电子道尺现场测量其轨距和超高，分析超限原因，现场进行扣件调整，但必须充分分析轨道动态波形图，明确超限原因，确定现场调整钢轨，以免造成错调或漏调。

10.6.2　轨道动态检测缺陷点处理

（1）针对动态检测报告中的Ⅰ、Ⅱ级超限点，是轨距、水平和三角坑超限的，通过对动态波形图的分析，明确超限原因和存在问题的导致超限的轨道，由扣件更换班组携带扣件更换机具和0级电子道尺上线对缺陷段进行轨距和水平测量，找到问题扣件，通过道尺测量结果进行扣件的更换；是轨向、高低等超限的，由测量班组和扣件更换班组一同上线作业，由测量班组对缺陷段轨道进行轨道测量，根据测量数据现场出具精调方案后进行扣件的更换。

（2）针对长波长超限和TQI超限，由测量组按照轨道测量要求对缺陷段进行测量，配合动态检测波形图和测量数据进行分析计算，出具精调方案，由扣件更换班组按照精调方案进行扣件的更换。

结束语

    近年来，我国的铁路行业发展的速度很快，通过铁路基础设施的不断建设，铁路网在我国的覆盖面积越来越广，覆盖精度逐渐提升。本书基于施工控制网复测，重点围绕有砟轨道精调技术、双块无砟轨道精调技术、板式无砟轨道精调技术、地铁轨道精调、磁浮轨道精调、有轨电车轨道精调、无砟道岔精调与长轨精调测量技术方面进行论述研究，具有一定的理论创新和学术价值，对我国轨道施工测量具有重要的现实意义。